Emil Kloth (1864–1943)

Schriftenreihe der Johannes-Sassenbach-Gesellschaft
Band 5

RÜDIGER ZIMMERMANN

Emil Kloth (1864–1943)

Vom marxistischen Gewerkschaftsvorsitzenden zum bekennenden Nazi

be.bra wissenschaft verlag

Gedruckt mit freundlicher Unterstützung der Hans-Böckler-Stiftung.

Bibliografische Information der Deutschen Nationalbibliothek
Die Deutsche Nationalbibliothek verzeichnet diese Publikation in der Deutschen Nationalbibliografie; detaillierte bibliografische Daten sind im Internet über http://dnb.d-nb.de abrufbar.

KulturBrauerei Haus 2
Schönhauser Allee 37, 10435 Berlin
post@bebra-wissenschaft.de
Lektorat: Matthias Zimmermann, Berlin
Gesamtgestaltung: typegerecht, Berlin
Umschlag: Titelblatt von »Der Deutsche Vorwärts« vom 12. Oktober 1924. Emil Kloth beteiligte sich mit einem »Offenen Brief« an der nationalistischen Diffamierungskampagne gegen Reichspräsident Friedrich Ebert.
Schrift: DTL Albertina 9,8/13 pt
Druck und Bindung: Friedrich Pustet, Regensburg
ISBN 978-3-95410-050-7

www.bebra-wissenschaft.de

Inhaltsverzeichnis

Vorwort

Emil Kloth, von 1904 bis 1919 Vorsitzender des Deutschen Buchbinder-Verbandes, hat in der Historiografie der Gewerkschaften bislang kaum Aufmerksamkeit erfahren. Bekannt wurde er durch seine publizistische Tätigkeit, v. a. seine zweibändige Geschichte des Buchbinder-Verbandes aus den Jahren 1910/13 und eine Schrift mit dem Titel »Sozialdemokratie und Judentum« von 1920. Als dieses Buch erschien, hatte sich Kloth aus seinem bisherigen politischen Umfeld bereits endgültig gelöst. Zu Zeiten des Sozialistengesetzes in den 1880er-Jahren hatte er sich Gewerkschaft und Sozialdemokratie angeschlossen, durchlief eine steile gewerkschaftliche Karriere und unterstützte ab 1914 wie die große Mehrheit der Gewerkschaftsvorstände die Kriegspolitik des Deutschen Reiches.

Der Erste Weltkrieg spielte für Emil Kloths politische Entwicklung eine zentrale Rolle. Er nahm während des Krieges keine Außenseiterposition ein. Dass die Arbeiterbewegung national ausgerichtet sein müsse und ein starkes Reich den zukünftigen Wohlstand der Arbeiterschaft garantieren könne, diese Thesen vertraten viele. Doch im Unterschied zur großen Mehrheit seiner einstmaligen Kollegen ging er nach Kriegsende nicht den Weg einer demokratischen Gewerkschaftsarbeit. Nach verschiedenen Stationen im rechten, nationalistischen Feld schloss er sich 1932 der NSDAP an.

Die Geschichte Emil Kloths ist indes nicht lediglich die eines Renegaten. Die Beschäftigung mit seiner Person legt Blicke frei auf die Geschichte der Gewerkschaften, auf Diskussionen und Entscheidungen, an denen Kloth beteiligt war und über die er berichtete. Es geht nicht nur um eine Biografie, sondern um einen Beitrag zu einer kritischen Gewerkschaftsgeschichte. Dies ist gerade angesichts der 100-jährigen Wiederkehr des Weltkriegsbeginns im Jahr 1914 von Bedeutung. Die Gewerkschaftsgeschichtschreibung sollte nicht der zu beobachtenden Versuchung erliegen, aktuelle historische Deutungen des Kriegsausbruches zu nutzen, um die Rolle der Gewerkschaften in diesem Krieg nicht mehr kritisch zu hinterfragen.

Die Johannes-Sassenbach-Gesellschaft dankt der Hans-Böckler-Stiftung für einen Druckkostenzuschuss, Hans-Otto Hemmer und Gunter Lange für die Lektorierung des Manuskripts und Rüdiger Zimmermann für die akribisch recherchierte Geschichte Emil Kloths.

Detlev Brunner
Vorstand der Johannes-Sassenbach-Gesellschaft

Einleitung

Zählt man alle Vorläufergewerkschaften der Vereinten Dienstleistungsgewerkschaft ver.di zusammen, die sich über einen Zeitraum von fast 150 Jahren gründeten, fusionierten und nach dem Zweiten Weltkrieg in der Einheitsgewerkschaft neu sammelten, so kommt man auf mehr als 60 Organisationen. Viele von ihnen sind heute nur noch dem Namen nach bekannt.

1914 – vor Ausbruch des Ersten Weltkriegs – organisierten sich allein Arbeiterinnen und Arbeiter des grafischen Gewerbes in acht Berufsgewerkschaften. Die freigewerkschaftlichen Notenstecher und Xylografen gingen schon 1920 im Verband der Lithographen und Steinsetzer auf. Die beiden winzigen Berufsgewerkschaften haben faktisch keine Spuren hinterlassen. Umso deutlicher finden wir heute Zeugnisse der übrigen sechs grafischen Gewerkschaften. Das gilt für das gedruckte kulturelle Erbe wie auch für deren gewählte Repräsentanten. Mannigfaltige Überlieferungen zeigen, dass deren gewählte Vorsitzende auch nach Jahrzehnten »nicht vergessen« sind.

Nach der verdienstvollen Vorsitzenden des damaligen »Verbandes der Buch- und Steindrucker-Hilfsarbeiter und -arbeiterinnen Deutschlands«, Paula Thiede, ist die Straße benannt, in der heute die Bundesverwaltung von ver.di ihren Sitz hat. Der 1914 amtierende (und 1918 verstorbene) Vorsitzende des Verbandes der Deutschen Buchdrucker, Emil Döblin, hat als weitsichtiger Tarifstratege und Mitglied der Generalkommission der Gewerkschaften Deutschlands vielfältige Würdigungen in Standardwerken zur deutschen Gewerkschaftsgeschichte erfahren.[1]

Johannes Haß, Vorsitzender des freigewerkschaftlichen Lithographenverbandes, schleiften die Nazis nach 1933 durch viele Gefängnisse. Er starb 1945 an den Folgen der Haft. Ein Ehrengrab auf dem Friedhof Berlin-Wilmersdorf erinnert heute an den aufrechten Antifaschisten. Paul Thränert, Vorsitzender der christlichen Buchdruckergewerkschaft, zeichneten die Berliner Mitglieder der IG Druck und Papier 1960 mit der goldenen Ehrennadel aus. Obgleich er im Ostteil der Stadt wohnen blieb, hielt der Gewerkschafter der neuen im Westen Deutschlands entstandenen Einheitsgewerkschaft die Treue.

Der Vorsitzende des »Graphischen Zentralverbandes«, Adam Hornbach, stand von 1909 bis 1933 für die christlich organisierten Lithografen und Buchbinder. Er hielt in Köln während des Krieges Kontakt zu christlichen Widerstandsgruppen und wirkte nach 1945 in diversen Entnazifizierungsausschüssen. 1952 ehrte ihn das Verbandsblatt »Druck und Papier« als einen Kollegen, der mit seinen Erfahrungen über alle Branchen im Gewerbe und über politische Strömungen und konfessionellen Bekenntnisse hinweg Neues geschaffen habe.

1 1932 benannten gewerkschaftliche Genossenschaftler in Berlin eine Straße nach Emil Döblin. Leider wurde das Unrecht der Straßenumbenennung nach 1945 nie wieder geheilt. Siehe http://www.luise-berlin.de/bms/bmstxt00/0009deta.htm, letzter Aufruf am 9.8.2014.

Wo aber müssen wir Emil Kloth verorten, der 1914 die gut organisierte freigewerkschaftliche Buchbindergewerkschaft als Vorsitzender führte? Seine zweibändige – vor dem Ersten Weltkrieg erschienene – Gewerkschaftsgeschichte wird noch heute in Bibliotheken ausgeliehen, gelesen und wohlwollend zitiert. Die langjährige Vorsitzende der Historischen Kommission der SPD, Susanne Miller, strich seine einflussreiche Stellung in der Arbeiterbewegung heraus.[2] Erst 1993 machte eine Dissertation auf das Schicksal des »bekennenden Renegaten« aufmerksam: Emil Kloth landete bei den Nazis und spielte dort bis zu seinem Tod als Journalist und »Historiker« eine Rolle.[3]

Warum lohnt es trotzdem, sich mit der Lebensgeschichte eines Abweichlers zu beschäftigen, der alle Brücken hinter sich abbrach, dem Antisemitismus anheimfiel und Lobeshymnen auf den Führer sang? Autoren und Autorinnen, die sich mit Splittergruppen und Abweichlern beschäftigten, haben darauf Antworten parat: Die Trennung eines Prominenten oder eines Teils der Mitgliedschaft vom Mutterverband signalisiert zumeist Spannungen und Erschütterungen in der Ursprungsorganisation. Der Loslösungsvorgang beleuchtet zentrale Entscheidungsprozesse und lässt sie manchmal in einem anderen Licht erscheinen. Ein möglicher Grund abtrünnig zu werden, ist Einblick in das innerorganisatorische Geschehen.

Welche Zusammenhänge sollen nun durch Leben und Wirken eines gewerkschaftlichen »Renegaten« beleuchtet werden? Die Frage führt zurück zum Jahr des Kriegsausbruchs 1914. Der Krieg verwüstete nicht nur blühende Landschaften, der Krieg verwüstete auch die Köpfe. Die deutschen Gewerkschaften unterstützten den vermeintlichen Abwehrkrieg ohne Wenn und Aber. Sie hofften auf einen Siegfrieden des Deutschen Reiches. Kein Satz spiegelt die Hoffnung so plastisch wider wie das überlieferte Zitat des Gewerkschaftsfunktionärs und späteren Reichsarbeitsminister Rudolf Wissel: »Es gibt nichts Grauenhafteres als den Krieg. Wäre er doch schon bald vorbei. Vorbei mit vollem Erfolg für uns. Eher kann er nicht vorbei sein.«[4]

Das Deutsche Reich verlor den Krieg und mit ihm letztlich auch die deutschen Gewerkschaften. Sie verloren die gezeichneten Kriegsanleihen, ihr Vermögen infolge der kriegsbedingten Geldentwertung, ihre Kampfkraft und nach den Jahren der Krise verloren sie 1923 einen Gutteil ihrer Mitglieder.

Ein weiteres Ergebnis des Krieges war die tiefe Spaltung der deutschen Arbeiterbewegung. Zunächst schien diese nur die politische Arbeiterbewegung zu treffen. Linke Mitglieder wandten sich von der sozialdemokratischen Führung ab, die sie für die verfehlte Kriegsunterstützung des Deutschen Reiches verantwortlich machten. Die Gewerkschaften waren von einer Linksabspaltung nur temporär betroffen. Anarchosyndikalistische Strömungen verlo-

2 Vgl. Susanne Miller: Burgfrieden und Klassenkampf. Die deutsche Sozialdemokratie im Ersten Weltkrieg, Düsseldorf 1974, S. 231.

3 Vgl. Karl-Heinz Roth: Intelligenz und Sozialpolitik im »Dritten Reich«. Eine methodisch-historische Studie am Beispiel des Arbeitswissenschaftlichen Instituts der Deutschen Arbeitsfront, München u.a. 1993.

4 Zitiert nach Wolfgang Kruse: Krieg und nationale Integration. Eine Neuinterpretation des sozialdemokratischen Burgfriedensschlusses 1914/15, Essen 1993, S. 95.

ren alsbald an Einfluss. Dabei wird oft übersehen, dass es auch eine Abspaltung nach rechts gab. Nach 1919 bekannten sich immerhin drei ehemalige Mitglieder der Vorständekonferenz der freien Gewerkschaften zu nationalistischen Gruppierungen. Neben Emil Kloth gehörten der Bauarbeiter August Winnig und der Seemann Paul Müller zu diesem Trio.

Die eigentliche »Abspaltung« erfolgte allerdings außerhalb des organisatorischen Rahmens. Spätestens nach der Reichstagswahl 1920 wanderten enttäuschte Anhänger der Linksparteien massenhaft ins nationalistische Lager ab oder gingen nicht zur Wahl. Drei Jahre später hatten die Gewerkschaften fast die Hälfte ihrer seit der Novemberrevolution neu gewonnenen Mitglieder eingebüßt. Will man diese verheerende Wanderbewegung verstehen, muss man einen Blick auf die nationalistischen Verführer werfen. Emil Kloth gehörte dazu. Im Folgenden soll keine Geschichte gewerkschaftlicher Niederlagen geschrieben, sondern ein biografischer Ansatz präsentiert werden, der klären hilft.

Was machte es Emil Kloth so leicht, nach rechts zu driften? Die deutschen Gewerkschaften arbeiteten die eigene Rolle im Krieg nur ungenügend auf. Faschismus und erneuter Krieg verschütteten dann endgültig die Chancen einer kritischen Selbstfindung. Natürlich: Die Gewerkschaftsführer hatten stets das subjektive Gefühl, richtig gehandelt zu haben. Selbst scharfe Kritiker des Kurses der Gewerkschaften während des Krieges mussten konstatieren: »Daß sie von der lauteren Absicht erfüllt waren, nicht allein im Interesse der Arbeiterschaft, sondern auch vielleicht sogar im vermeintlichen Interesse der gesamten Nation zu handeln, kann nicht bestritten werden.«[5] Allerdings waren selbst kritische Punkte wie der angestrebte Siegfriede, Annexionsforderungen, die vollständige Aufgabe gewerkschaftlicher Autonomie und hämisches Abwerten ausländischer Gewerkschafter Topoi, die in der Gewerkschaftspublizistik nach 1919 nie selbstkritisch analysiert wurden. Die gewerkschaftlichen Meinungsführer verdrängten weitgehend ihre Rolle und Funktion während des Krieges. Das machte sie angreifbar von linker wie von nationalistischer Seite.

Werfen wir einen Blick auf die nationalistische Seite. Emil Kloth und seine Freunde konnten bündelweise Zitate der Gewerkschaftsführer aus der Kriegszeit präsentieren, die scheinbar deren »Verrat« am bewährten nationalen Kurs einer Burgfriedenspolitik dokumentierten. Kloth gebärdete sich geradezu als einziger Gewerkschaftsführer, der über die Krisenzeiten 1918/19 hinweg die Politik weiter betrieben habe, die die deutschen Arbeiter und ihre Gewerkschaften im August 1914 als wahr und richtig erachtet hatten. Von dieser Position war es nur ein kurzer Weg, die Arbeitervertreter für »Dolchstoß«, Niederlage und erlittenes Unrecht durch ungerechte Friedensverträge verantwortlich zu machen. Argumentationsmuster wie diese waren unzweifelhaft erfolgreich.

Historiker und Historikerinnen sprechen heute gerne von einem »zweiten Dreißigjährigen Krieg«. Was meinen sie damit? Die Zwischenkriegszeit habe sich durch eine fortwährende Instabilität der gesellschaftlichen und politischen Ordnung ausgezeichnet. Die Friedensver-

5 Hans-Joachim Bieber: Gewerkschaften in Krieg und Revolution. Arbeiterbewegung, Industrie, Staat und Militär in Deutschland 1914–1920, Bd. 1, Hamburg 1981, S. 812.

träge des Jahres 1919 hätten national und international keines der anstehenden Probleme strukturell gelöst. Mit Kriegsende sei somit bereits der Keim eines neuen Krieges gelegt worden. Angewandt auf die deutsche Arbeiterschaft bedeutete dies: Den Krieg bezahlten die einfachen Leute mit jeder Fahrkarte, die sie bei der Reichsbahn kauften, mit jedem Brief, den sie verschickten. Nicht die Kriegsverursacher wurden zur Kasse gebeten. Die Versprechen der Arbeiterführer auf Schonung eines neuen demokratischen Deutschlands waren – so eine weitverbreitete Meinung – illusionär geblieben. Hatten sozialpatriotische Gewerkschaftsführer, die vor einem Sieg ausländischer Alliierter stets gewarnt hatten, nicht Recht behalten? Natürlich strebten auch die deutschen Gewerkschaften eine Revision des Versailler Friedensvertrages mit seinen Reparationsleistungen an. Spätestens seit der Weltwirtschaftskrise 1929 schien in den Augen vieler Deutscher allerdings nur noch eine radikale Änderung der Nachkriegsordnung erfolgversprechend. Emil Kloth öffnete eines von vielen Toren, durch die die Nationalsozialisten bequem hindurchschreiten konnten.

Das Lebensschicksal eines radikalen »Rechtsabweichlers« darf nicht verdunkeln: Die meisten deutschen Facharbeiter blieben bis 1933 dem Nationalsozialismus gegenüber unempfänglich. Allerdings hätte es ohne die massenhafte Identifizierung vieler Lohnabhängiger mit den Zielen einer aggressiven völkischen Bewegung keine Machtergreifung gegeben. Kloths Rückkehr in ein Gewerkschaftshaus als faschistischer Führer ist ein winziger Mosaikstein im Bild des »zweiten Dreißigjährigen Krieg«, der in der Katastrophe endete und einen demokratischen Neuaufbau in Deutschland in mehreren Etappen erst ermöglichte.

Gewerkschaften müssen sich ihrer eigenen Geschichte stellen. Sie dürfen nicht der Versuchung konservativer Historiker und Historikerinnen erliegen, neuere historische Deutungen des Kriegsausbruches vor 100 Jahren zu nutzen, um die Rolle der Gewerkschaften in diesem Krieg nicht mehr kritisch zu hinterfragen. Es geht nicht um falsch verstandenen deutschen »Schuldstolz« oder um einen »negativen Exzeptionalismus«[6], es geht nicht um Diplomatiegeschichte und nicht um Militärgeschichte, es geht um gewerkschaftliche Selbstvergewisserung.

Die Studie über Emil Kloth soll dabei helfen. Der Ablösungsprozess eines gewählten Gewerkschaftsführers von seinem demokratisch-proletarischen Umfeld steht im Mittelpunkt der Arbeit. Eingebettet in die Strukturgeschichte einer kleinen, selbstbewussten Berufsgewerkschaft versteht sich die Biografie allerdings nicht nur als Lebensgeschichte eines »Renegaten«, sondern auch als Beitrag zu einer kritischen Gewerkschaftsgeschichte. Vielleicht eröffnet gerade der Lebenslauf Kloths Einblicke, die sonst verschüttet blieben.

6 Warum Deutschland nicht allein schuld ist, in: Die Welt, online-Ausgabe, 4. Januar 2014, unter: http://www.welt.de/debatte/kommentare/article123516387/Warum-Deutschland-nicht-allein-schuld-ist.html, letzter Aufruf am 10.8.2014.

Ausbildung und politische Sozialisation

Geboren wurde Emil Kloth am 23. Oktober 1864 in Klütz in Mecklenburg als Sohn des Schneidermeisters Wilhelm Kloth und seiner Frau Johanna. Er wurde evangelisch getauft und trat nie aus der Kirche aus.[7] Im Elternhaus herrschte eine nationale Gesinnung. In seinem Geburtsort Klütz – so betonte Kloth oft in der Rückschau – suchte man Anhänger der Sozialdemokratie vergeblich. Nach dem Besuch der Volksschule in seinem Heimatort absolvierte der junge Mecklenburger im knapp 100 Kilometer entfernten Rostock von Ostern 1879 bis Ostern 1883 eine Lehre als Buchbinder. Die alteingesessene Buchbinderei Garbe in der Rostocker Altstadt arbeitete hauptsächlich für die ansässige Universitätsbibliothek. Die Massenunterkunft der Gesellen auf dem Dachboden des Meisters spottete jeder Beschreibung. In diese Zeit fielen seine ersten Erfahrungen mit kollektiver Resistenz.[8]

Auf der anderen Seite lernte Kloth bei Garbe von der Pieke auf gründliche handwerkliche Buchbinderarbeit kennen. Darauf war er zeitlebens stolz. Nach Abschluss der Lehre ging er auf Wanderschaft, die ihn zunächst nach Celle führte. Vor den Toren der Lüneburger Heide arbeite er ein Jahr als Buchbinder.[9] 1884 wanderte Kloth nach Leipzig weiter und trat im Oktober 1884 in das vielseitigste Unternehmen der Buchherstellung in Leipzig ein. Die Firma F.A. Brockhaus setzte früh Drahtheft- und Falzmaschinen sowie Schnell- und Dampfpressen ein und galt als Pionier auf dem Weg zur industriellen Buchbinderei. Kloth betrat Leipzig – wie er später bekannte – als nationalgesinnter Arbeiter. Im radikalen Leipziger Arbeitermilieu wandelte sich der Mecklenburger Buchbinder zum Sozialdemokraten. Zum inneren, illegal operierenden Leipziger Führungszirkel der Partei bekam der 21-Jährige allerdings keinen Zugang.[10] Am 14. August 1884 trat Kloth dem lokalen Fachverein und der Reiseunterstützungskasse bei.[11] An der Pleiße existierten zwei gewerkschaftliche »Ersatzor-

7 Ein eigenhändiger Lebenslauf aus dem Jahr 1927 befindet sich im Bundesarchiv Berlin VBS 47/2101064114 (Emil Kloth). Ein polizeiliches Führungszeugnis verwahrt das Stadtarchiv Leipzig: Acta der Aufnahme und Bürgerrechts-Gesuche des Buchbinders Emil Rudolph Ludwig Kloth, Nr. 54076. Als Nationalist und Nationalsozialist ließ Kloth später mannigfaltig autobiografische Details einfließen, um die Glaubwürdigkeit seiner antisozialdemokratischen Agitation zu erhärten. Trotz vieler grotesker Verzerrungen seiner »historischen« Artikel: Die mitgeteilten autobiografischen Fakten sind durchweg authentisch.

8 Vgl. Emil Kloth: Über die Lehrzeit im Buchbindergewerbe, in: Korrespondent. Fachliches Schulungsblatt der DAF für die Buchbindereien und die gesamte Papierverarbeitung, Ausgabe D., Jg. 76 (Dezember 1938), Nr. 12.

9 Vgl. Emil Kloth: Zur Entstehungsgeschichte der Sozialdemokratie. Wie ich Sozialdemokrat wurde, in: Der Deutsche Vorwärts, Jg. 3 (14. März 1926), Nr. 9.

10 Vgl. Emil Kloth: Vom Märtyrertum zum Schiebertum. Zur Entwicklungsgeschichte der Sozialdemokratie, in: Der Deutsche Vorwärts, Jg. 3 (21. März 1926), Nr. 10.

11 Vgl. Emil Kloth. 50 Jahre Verbandsmitglied, in: Korrespondent. Mitteilungsblatt des Deutschen Arbeiterverbandes des graphischen Gewerbes, Jg. 72 (14. April 1934), Nr. 15. Dieser Artikel erschien anonym. Identische Textpassagen im Blatt *Der Deutsche Vorwärts*, die Kloth zeichnete, lassen allerdings den Schluss zu, dass der Jubiläumsartikel nahezu vollständig aus seiner eigenen Feder stammte. Es ist sein ausführlichster autobiografischer Text. Die Deutsche Arbeitsfront (DAF) rechnete die Zeiten früherer Mitgliedschaften in freigewerkschaftlichen Vorläuferverbänden an. Von daher konnte Kloth im April 1934 sein »goldenes Jubiläum« feiern.

ganisationen« für den unter dem Sozialistengesetz unterdrückten Zentralverband. Neben der Unterstützungskasse, die sich im Dezember 1885 auf behördlichen Druck auflösen musste, existierte ein lokaler Fachverein, in dem sich eher junge Buchbinder sammelten.[12]

Im August 1885[13] verließ Kloth die sächsische Metropole und machte sich auf eine zweijährige Wanderung, die ihn weit nach Südeuropa führte. Auf seinem Weg nach Italien stand er 1886/87 einige Monate in Stuttgart in Diensten. Im liberalen Südwesten habe er – so 27 Jahre später auf dem Verbandstag der Buchdrucker in Stuttgart – »erst die richtige Empfindung davon bekommen, was eine Gewerkschaft sein muß, wie sie wirken muß und wie der kollegiale Zusammenhalt beschaffen sein muß«[14]. In Stuttgart, eines der Zentren industrieller Großbuchbindereien in Deutschland, hatte der spätere Vorsitzende der Buchbindergewerkschaft Adam Dietrich[15] bereits 1881 einen lokalen Fachverein ins Leben gerufen. Der gut organisierte Verein, der während des Sozialistengesetzes von den Behörden weitgehend in Ruhe gelassen wurde, übernahm in der Phase des Ausnahmegesetzes die Pionierfunktion, die lokalen Fachvereine zu einem Kartellverband (mit Sitz in Stuttgart) zusammenzuführen. Aus dem 1882 gegründeten Kartellverband entstand im April 1885 die moderne freigewerkschaftliche Buchbinderbewegung (»Unterstützungsverband der Vereine der Buchbinder, Portefeuiller, Album-, Etuis-, Kartonagenarbeiter, Linierer usw. und deren Hilfsarbeiter«). 1886 musste auch die *Buchbinder-Zeitung* von Berlin nach Stuttgart verlegt werden. Kloth stand während seiner Stuttgarter Zeit sozusagen im Zentrum zentraler gewerkschaftlicher Diskussionen und lernte augenscheinlich viel.

In Stuttgart nahm Kloth auch an illegalen Versammlungen teil, auf denen Bebel referierte. Dessen Prognose vom alsbaldigen Zusammenbruch des Kapitalismus (»Kladderadatsch«) teilte der junge Buchbinder uneingeschränkt. Er wollte, wie er 1913 in seiner Geschichte des Buchbinderverbandes bekannte, den Aufbau des Sozialismus noch erleben.[16]

Über Bozen wanderte Emil Kloth weiter nach Italien, arbeitete in Rom, Neapel und Palermo. Auf kleinen Abstechern per Schiff besuchte er Tunis und Malta. Kloth lernte rasch Italienisch. Auf einem späteren Verbandstag der italienischen Buchbinder kam er ohne Übersetzer zurecht; während des Krieges informierte er die übrigen Verbandsvorsitzenden direkt aus der italienischen Arbeiterpresse über den »Verrat« der italienischen Genossen.

12 Vgl. Emil Kloth: Geschichte des Deutschen Buchbinderverbandes und seiner Vorläufer, Bd. 1, Berlin 1910, S. 215.

13 Vgl. Stadtarchiv Leipzig, Acta der Aufnahme und Bürgerrechts-Gesuch des Buchbinders Emil Rudolph Ludwig Kloth, Nr. 54076.

14 Protokoll der Verhandlungen des 12. Verbandstags des Deutschen Buchbinder-Verbandes. Abgehalten in Stuttgart vom 16. bis 21. Juni 1913, Berlin 1913, S. 66.

15 Ein sehr detaillierter und warmherziger Nachruf (mit hoher Wahrscheinlichkeit aus der Feder von Eugen Haueisen) auf den langjährigen Verbandsvorsitzenden und württembergischen SPD-Landtagsabgeordneten findet sich in: Der Deutsche Buchbinderverband im Jahre 1916, Berlin 1917, S. 99–102.

16 Vgl. Emil Kloth: Geschichte des deutschen Buchbinderverbandes und seiner Vorläufer, Bd. 2, Berlin 1913, S. 161f.

Absender

Name **Vorname**

Straße

PLZ / Ort

E-Mail

☐ **Bitte informieren Sie mich über Ihr ebook-Angebot.**

Alter **Beruf**

Tel.: 030 / 440 23 810 Fax: 030 / 440 23 819 post@bebraverlag.de

Bitte als

Postkarte

freimachen

Antwort

be.bra verlag GmbH
– Kundenbetreuung –
KulturBrauerei Haus 2
Schönhauser Allee 37

D-10435 Berlin

Über München und Gera kehrte Kloth im September 1887 nach Leipzig zurück.[17] Der Italienwanderer hatte auf seiner Reise »zünftig« Klein-, Groß- und Mittelbetriebe kennengelernt und sich beträchtliches fachliches Wissen angeeignet. Mit seinem erweiterten Horizont standen ihm augenscheinlich in der Leipziger Arbeiterbewegung, die nach jungen Talenten suchte, die Türen weit offen. In der Sozialdemokratie übernahm Kloth alsbald die Funktion eines »Sektionsführers« und beteiligte sich an illegalen Treffen.[18]

Nach seiner Rückkehr nach Leipzig arbeitete Kloth in der Großbuchbinderei Gebr. Hoffmann, die tarifpolitisch in Leipzig über viele Jahre zu den Hardlinern zählte.[19] Am 17. März 1888 wurde er verhaftet, da er gemeinsam mit einer Gruppe von 28 Sozialdemokraten illegale sozialdemokratische Flugblätter verteilt hatte, in denen der Märzrevolutionäre von 1848 ehrend gedacht wurde. Der Text des Flugblattes stammte angeblich aus der Feder Wilhelm Liebknechts. (»Es müssen neue Märztage kommen, größer als vor 40 Jahren.«[20]) Kloth saß nach seiner Verhaftung zweieinhalb Monate in Untersuchungshaft, ehe er zu vier Monaten und zwei Wochen Haft verurteilt wurde. Erschwerend wertete das Gericht seinen Widerstand gegen die Staatsgewalt. Der Prozess »adelte« den Verurteilten in den Augen seiner Mitstreiter und trug viel zum Renommee des 23-Jährigen bei. Am Prozess und seinem Urteil arbeitete sich Kloth jahrzehntelang regelrecht ab. Vor allem die Verurteilung wegen Widerstandes gegen die Staatsgewalt erregte noch ein Vierteljahrhundert danach seinen Zorn. Selbst als späterer Nazi stand er zu seiner Tat.

Die Verurteilung zur Haftstrafe wirkte langfristig nach. Im Gegensatz zu den Leipziger Buchdruckern, die mehrheitlich einer autonomen Politik der Gewerkschaft gegenüber der Sozialdemokratie das Wort redeten, stand der junge Buchbinder für ein enges Bündnis von Gewerkschaften und Sozialdemokratie. Diese stark autobiografisch gefärbte Erkenntnis war für ihn die zentrale »Lehre« aus dem Sozialistengesetz und bestimmte lange sein Handeln. Die »Waffenbrüderschaft« zwischen Sozialdemokratie und freier Gewerkschaftsbewegung war seiner Ansicht nach ausschließlich der Repression der herrschenden Klasse während des Sozialistengesetzes geschuldet.

17 Vgl. Emil Kloth. 50 Jahre Verbandsmitglied, in: Korrespondent. Mitteilungsblatt des Deutschen Arbeiterverbandes des graphischen Gewerbes, Jg. 72 (14. April 1934), Nr. 15.

18 Vgl. Emil Kloth: Vom Märtyrertum zum Schiebertum. Zur Entwicklungsgeschichte der Sozialdemokratie, in: Der Deutsche Vorwärts, Jg. 3 (21. März 1926), Nr. 10.

19 Kloths Beschäftigungsverhältnis geht aus einem Leserbrief und einer Replik in der Buchbinder-Zeitung während der Tarifauseinandersetzungen 1896 hervor. Sein Prinzipal, Paul Hoffmann, stand Kloth als 2. Vorsitzender der Lohnkommission der Leipziger Arbeitgeber direkt gegenüber. Die Gebrüder Paul und Otto Hoffmann gehörten in Leipzig zu den führenden Leipziger Großbuchbindereien und den Pionieren, die moderne Buchbindereimaschinen einsetzten. Siehe Buchbinder-Zeitung, Jg. 12 (14. November 1896), Nr. 46.

20 Emil Kloth: Vom Märtyrertum zum Schiebertum. Zur Entwicklungsgeschichte der Sozialdemokratie, in: Der Deutsche Vorwärts, Jg. 3 (21. März 1926), Nr. 10.

Gewerkschaftlicher Aufstieg

Welche Funktion nahm Kloth in der Leipziger Gewerkschaftsbewegung ein? Seine Tätigkeit bleibt ohne die genauen Kenntnisse der spezifischen Organisationsinterna undeutlich. Die gewerkschaftspolitische Situation der Buchbinder nach dem Fall des Sozialistengesetzes in Leipzig war sehr »speziell«. In keiner Stadt Deutschlands habe sich die Entwicklung der gewerkschaftlich organisierten Buchbinder »unter so eigenartigen Verhältnissen vollzogen, als gerade in Leipzig«[21], resümierten die Verfasser der Jubiläumsfestschrift von 1909. Vor Ort existierte ein starker, lebensfähiger Fachverein, der zu seiner Hochphase etwa 550 Mitglieder besaß. Insgesamt arbeiteten in Leipzig ca. 1.100 männliche Buchbinder und ca. 1.300 weibliche Hilfskräfte im Gewerbe. Den Verein hoben die Leipziger Buchbinder im Juni 1884 im traditionsreichen Pantheon aus der Taufe. Er stand in gewisser Konkurrenz zum Zentralverband, unter dessen Dach sich 1885 lokale Vereine zum »Unterstützungsverband für Vereine der Buchbinder, Portefeuiller, Album-, Etuis-, Kartonagenarbeiter, Linierer usw. und dessen Hilfsarbeiter« versammelt hatten.

Allerdings verschloss sich der starke Leipziger Fachverein nicht prinzipiell einer gewerkschaftlichen Zentralisation, wollte aber aus praktischen Gründen selbstständig bleiben. Dennoch entsandte er Delegierte zu den nationalen Buchbinderkongressen. Bei der Abgrenzung des Leipziger Fachvereins von der nationalen Organisation mischten sich sachliche mit persönlichen Motiven. Einer der Gründe für die lang andauernden Dissonanzen wurzelte in der Entscheidung, nicht die Leipziger *Buchbinder-Zeitung*, sondern das Berliner Konkurrenzblatt als Zentralorgan gewählt zu haben. Allerdings gab es auch sachliche Unterschiede. Der Leipziger Lokalverein lehnte zunächst die Organisation von Frauen ab, während der nationale Zentralverband (seit 1889: »Unterstützungsverband der Vereine der in Buchbindereien und verwandten Geschäftszweigen beschäftigten Arbeiter«) sich ab 1891 für weibliche Mitglieder öffnete. Ein weiterer Streitpunkt war die Ausgestaltung der lokalen Unterstützungskasse.

Die Auseinandersetzung zwischen beiden gewerkschaftlichen Strömungen machte vor keiner Unterstellung und Verletzung halt und ähnelte mehr dem Streit verfeindeter Clans als der solidarischen Auseinandersetzung von Berufsgenossen. Vor allem bei der Entsendung von Delegierten in das Leipziger Gewerkschaftskartell, dem lockeren Zusammenschluss der Einzelgewerkschaften eines Ortes, tobte ein scheinbar unerbittlicher Kampf um die Mandate. Kloth entfaltete in beiden Organisationen umfangreiche Aktivitäten, die auf eine engere Zusammenarbeit zielten. Wie einige andere Leipziger Buchbinder gehörte er sowohl dem lokalen Fachverband als auch dem Zentralverband an. Der Zentralverband nahm zunächst

21 Festschrift zum 25jähr. Bestehen des Fachvereins der in Buchbindereien und verwandt. Berufszweigen beschäftigten Arbeiter und Arbeiterinnen von Leipzig und Umgegend. Ein Beitrag zur Entwicklung der Buchbinderorganisation Leipzig, Leipzig 1909, S. 4.

nur Leipziger Einzelmitglieder auf, etablierte dann allerdings einen eigenen Leipziger Ortsverein.

Im August 1889 wählten die Leipziger Kollegen Kloth in den Vorstand des Fachvereins.[22] Im Juli 1890 trat der 25-Jährige allerdings wieder zurück, um im Mai 1891 abermals in den Vorstand einzutreten. Häufige Rotationen des Leitungspersonals waren auf lokaler Ebene üblich. Als einer von drei Delegierten vertrat er den Fachverein im einflussreichen Leipziger Gewerkschaftskartell. Dort spiegelten sich in den 1890er-Jahren viele Konflikte der jungen deutschen Gewerkschaftsbewegung. Kontroverse Diskussionen kreisten um Fragen von Strategie, Funktion, Taktik und Organisationsform. Streitigkeiten im Leipziger Kartell beschäftigten zeitweise den Vorstand der deutschen Sozialdemokratie und der gewerkschaftlichen Zentrale (Generalkommission) gleichermaßen.[23] 1891 führte der lokale Fachverein der Buchbinder gesammelte Streikgelder direkt an den Buchdruckerverband ab, der im Kampf um den Neunstundentag nach massiver Aussperrung um seine Existenz rang. Hingegen nahm das Leipziger Gewerkschaftskartell das Recht für sich in Anspruch, die Hilfsgelder selbst zu verteilen. Eine Rüge des Gewerkschaftskartells an die Buchbinder und ihre Delegierten führte umgehend zur Demission Kloths.[24] Diese spezifische »Konfliktlösung« blieb über viele Jahre kein Einzelfall. Eher trat Kloth von seinem Amt zurück, als dass er scheinbare Niederlagen akzeptierte. Auf eigenen Antrag hin erwarben er und seine Frau Elisabeth im November 1891 die sächsische Staatsangehörigkeit und das Leipziger Bürgerrecht.[25] Dies entsprach der Taktik der Leipziger Sozialdemokratie, trotz ungerechtem Wahlrecht Einfluss auf lokaler Ebene zu gewinnen. Ein weiteres Betätigungsfeld bildete die »Zentral-Kranken- und Begräbnißkasse der Buchbinder und verwandter Geschäftszweige«. In den Selbstverwaltungsorganen setzte er auf eine Trennung der proletarischen von der bürgerlichen Demokratie und erstrebte vollständige gewerkschaftliche Dominanz in den Gremien.[26] Seit 1892 nahm er reichsweit an den ordentlichen Generalversammlungen der Kasse teil.[27]

Am 5. Oktober 1891 scheiterte Kloth mit einer Resolution im lokalen Fachverein, dass alle Mitglieder des Fachvereins als Einzelmitglieder dem Zentralverband beitreten sollten.[28] Als Resultat dieser Abstimmung verlegte Kloth spätestens 1892 seine gewerkschaftlichen

22 Vgl. ebd., S. 30.

23 Vgl. August Lüttich: Das Leipziger Gewerkschaftskartell und die Entwicklung und wirtschaftlichen Kämpfe der Leipziger Gewerkschaften. Eine Darstellung der wichtigsten Ereignisse der Leipziger Gewerkschaftsbewegung in den letzten zehn Jahren. Mit einem Anhang betreffend einige für die Arbeiterschaft wichtigen gesetzlichen und ortsstatuarischen Bestimmungen, Leipzig 1901.

24 Vgl. Festschrift zum 25jähr. Bestehen des Fachvereins der in Buchbindereien und verwandt. Berufszweigen beschäftigten Arbeiter und Arbeiterinnen von Leipzig und Umgegend. Ein Beitrag zur Entwicklung der Buchbinderorganisation Leipzig, Leipzig 1909, S. 32.

25 Vgl. Stadtarchiv Leipzig: Acta der Aufnahme und Bürgerrechts-Gesuche des Buchbinders Emil Rudolph Ludwig Kloth, Nr. 54076.

26 Vgl. Buchbinder-Zeitung, Jg. 8 (21. Mai 1892), Nr. 21.

27 Vgl. Buchbinder-Zeitung, Jg. 8 (23. Juli 1892), Nr. 30.

28 Vgl. Buchbinder-Zeitung, Jg. 7 (17. Oktober 1891), Nr. 42.

Aktivitäten in den Zentralverband und stellte sich auf den Boden der »modernen« Arbeiterbewegung. Der Zentralverband gab sich auf seinem Gewerkschaftskongress im Februar 1893 nicht nur einen neuen Namen (»Verband der in Buchbindereien, der Papier- und Ledergalanteriewaren-Industrie beschäftigten Arbeiter und Arbeiterinnen Deutschlands«), er setzte auch klare zentralistische Positionen durch: Innerhalb der Zentralorganisation sollten keine selbstständigen Vereine mehr geduldet werden, nur noch Zahl- oder Verwaltungsstellen. Im Anschluss an den Kongress ernannte der Vorstand des Zentralverbandes Kloth zu einem der drei Leipziger Bevollmächtigten.

Allerdings brach Emil Kloth die Brücken zum Lokalverband nie ganz ab. Im Gegenteil: Auf einer »Versöhnungskonferenz« von Delegierten »aller in Buchbindereien, der Papier- und Ledergalanteriewaren beschäftigten Arbeiter und Arbeiterinnen Sachsens« wählten diese Kloth im April 1893 zu ihrem Vorsitzenden mit dem Ziel, die zerstrittenen Gruppen zusammenzuführen. Das Experiment scheiterte jedoch alsbald und schon im Oktober 1893 trat er von diesem Amt wieder zurück.[29] Bereits im Sommer 1893 hatte er sich zu einem von drei ehrenamtlichen Gaubevollmächtigten für Sachsen wählen lassen.[30] In Leipzig begann der Zentralverband, den Lokalverein zahlenmäßig zu überflügeln. 1896 rekrutierte der national ausgerichtete Zentralverband in Leipzig bereits 650 Mitglieder. Als probates Mittel, die Interessen der gewerkschaftlich organisierten Buchbinder zu bündeln und auch durchzusetzen, empfahl Kloth gegen erheblichen Widerstand die Anstellung hauptamtlicher Beschäftigter.[31] Kurzfristig verschärften sich in Leipzig die Auseinandersetzungen, da nun im lokalen Fachverein die »prinzipiellen Gegner« gewerkschaftlicher Zentralisation die Oberhand gewannen. Erst in den kommenden harten Arbeitskämpfen im Buchbindergewerbe in Leipzig schliffen sich die Gegensätze ab.

1894 beendete Kloth seine Tätigkeit als lohnabhängiger Buchbinder und machte sich mit einem Schreibwarengeschäft in Leipzig selbstständig.[32] Jahre später berichtete er, der Reingewinn seines gut gehenden Ladens habe etwa das Zweieinhalbfache des Lohnes eines gelernten Buchbinders betragen.[33] Die unabhängige Position gab ihm die Möglichkeit, gewerkschaftlich »angstfrei« auf der Leipziger Bühne zu agieren, ohne Repressionen fürchten zu müssen. Die überlieferten Quellen vermitteln ein Bild zunehmender Radikalisierung Kloths nach der Etablierung eines eigenen Geschäftes. Gegen die Unternehmerseite wählte er nun eine Sprache, die jene mit ihren Bildern und Vergleichen zur Weißglut reizte. Auf der anderen Seite schonte er auch die eigenen Kollegen nicht. Berühmt-berüchtigt blieben

29 Vgl. Emil Kloth: Geschichte des deutschen Buchbinderverbandes und seiner Vorläufer, Bd. 2, Berlin 1913, S. 138f.

30 Auf der Sitzung am 10. April 1897 trat er von dem Amt als einer von drei ehrenamtlichen Gaubevollmächtigten zurück. Auf der Sitzung gab er einen Rechenschaftsbericht über die Jahre 1895 bis 1896. Vgl. Buchbinder-Zeitung, Jg. 13 (17. April 1897), Nr. 16.

31 Emil Kloth: Ehrenamt ohne Nebenverdienst, in: Buchbinder-Zeitung, Jg. 9 (29. April 1893), Nr. 17.

32 Vgl. Bundesarchiv Berlin VBS 47/2101064114 (Emil Kloth).

33 Vgl. Protokoll der Verhandlungen des 13. Verbandstages des Deutschen Buchbinder-Verbandes. Abgehalten in Würzburg vom 28. Juli bis 4. August 1919, Berlin 1920, S. 186.

seine Nachhutgefechte in der *Buchbinder-Zeitung*, in denen er Kommentare zu seinen eigenen Redebeiträgen auf Versammlungen »richtigstellte« und dem innerverbandlichen Gegner im Nachhinein einheizte.

Vom Oppositionellen zum Boss

Zwei Jahre nach der Eröffnung seines eigenen Geschäftes stand Kloth in Leipzig im Mittelpunkt eines Arbeitskampfes, der ihn über die Stadtgrenzen hinaus bekannt machte. 1896 galt vielen Arbeitern im grafischen Gewerbe rückblickend als Schlüsseljahr. Mit dem Rückenwind einer guten Konjunktur schafften es die wohlorganisierten freigewerkschaftlichen Buchdrucker, ein langfristig angelegtes Tarifwerk mit deutlicher Verkürzung der Arbeitszeit reichsweit durchzusetzen. Bei den Buchbindern konzentrierten sich die Kämpfe auf die drei Metropolen des Gewerbes: Leipzig, Berlin, Stuttgart. Die Arbeitskämpfe des Jahres 1896 legten die Basis für den kommenden »Dreistädtetarif« im Buchbindergewerbe, der über Jahre das Rückgrat aller Tarifverhandlungen im Gewerbe bildete. In die tariflichen Auseinandersetzungen ging der Zentralverband reichsweit mit knapp 5.000 Mitgliedern, darunter etwa 700 Frauen. In Leipzig formulierte Kloth die Forderungen der gewerkschaftlich organisierten Buchbinder: Verkürzung der täglichen Arbeitszeit auf 9 ½ Stunden und deutlich angehobene Löhne bei Überstunden und Sonntagsarbeit. Die Leipziger Kollegen und Kolleginnen wählten Kloth zum Vorsitzenden der Lohnkommission, die in den kommenden Jahren als lokale Tarifkommission weiterbestehen sollte.[34] Auf nationaler Ebene spielte Kloth bei der nicht ganz reibungslosen Koordinierung der Arbeitskämpfe in den drei Hauptorten als einer von zwei Leipziger Delegierten eine entscheidende Rolle. Die Auseinandersetzungen wurden – nach den Worten vieler Verbandsfunktionäre – als Guerilla-Krieg geführt, bei dem der Buchbinderverband die Uneinigkeit der Unternehmerseite geschickt ausnutzen konnte. Hart bestreikten die Beschäftigten die Großbuchbinderei W. G. Schäffel in Leipzig. Der Inhaber verklagte Kloth erfolgreich vor dem Leipziger Landgericht: Der Streikführer erhielt im Januar 1897 eine Gefängnisstrafe von zwei Wochen zudiktiert, die auch das Reichsgericht bestätigte. Der SPD-Reichstagsabgeordnete Bruno Schoenlank intervenierte im Reichstag am 14. Januar 1897 gegen das Urteil, das wegen seiner prinzipiellen Bedeutung in Gewerkschaftskreisen beträchtliche Unruhe auslöste.[35]

Verglichen mit späteren Arbeitskämpfen fiel den Streikenden der Erfolg während kurzer Arbeitskämpfe nahezu »in den Schoß«, da auf Arbeitgeberseite kein straff organisierter Unternehmerverband existierte. Der lokal errungene Leipziger Tarifvertrag trug deutlich Kloths Handschrift. Erstmals gelang es den Gewerkschaften im Buchbindergewerbe, die

34 Vgl. Festschrift zum 25jähr. Bestehen des Fachvereins der in Buchbindereien und verwandt. Berufszweigen beschäftigten Arbeiter und Arbeiterinnen von Leipzig und Umgegend. Ein Beitrag zur Entwicklung der Buchbinderorganisation Leipzig, Leipzig 1909, S. 46.

35 Schoenlank schilderte den Sachverhalt im Reichstag, ohne den Namen des Leipziger »Führers der Buchbinderbewegung« zu nennen. Dem Urteil maß der Chefredakteur der *Leipziger Volkszeitung* prinzipielle Bedeutung zu: »Diese Art der Judikatur wird natürlich nicht dazu beitragen, den sozialen Frieden zu fördern, sie wird den Arbeitern zeigen, daß die Klassengegensätze bis in die Justiz hinein ganz deutlich zum Ausdruck kommen.« (http://www.reichstagsprotokolle.de/Blatt_k9_bsb00002761_00075.html, letzter Aufruf am 11.8.2014).

Akkordarbeit zu tarifieren. Spätestens nach dem Arbeitskampf von 1896 ging Kloth der Ruf eines taktisch versierten Streikführers voraus, der die Interessen der Kolleginnen und Kollegen beinhart vertrat und vor keiner Schmähung zurückschreckte. Allerdings belastete seine harte Sprache auch die Arbeitsbeziehungen. Wegen scharfer Attacken auf einen Leipziger Prinzipal lehnte es die Arbeitgeberseite ab 1898 ab, mit Kloth als Mitglied der Tarifkommission überhaupt zu verhandeln,[36] sodass bei Tarifstreitigkeiten das (relativ liberale) Leipziger Gewerbegericht entscheiden musste.

Der erfolgreich und solidarisch geführte Arbeitskampf löste in Leipzig im Frühjahr 1897 die innerorganisatorischen Spannungen weitgehend auf. Allen Mitgliedern des Zentralverbandes, die das 21. Lebensjahr erreicht hatten, wurde es zur Pflicht gemacht, sich dem lokalen Fachverein anzuschließen. Gleichzeitig trat der Fachverein dem Zentralverband bei. Mit gut 1.500 Mitgliedern stellte Leipzig neben Berlin das organisatorische Rückgrat des Verbandes, der zur gleichen Zeit etwa 9.000 Mitglieder aufwies. Bis 1904 nahm Kloth auf lokaler Ebene diverse Ehrenämter wahr; nach erneuter Wahl vertrat er meinungsfreudig seine Berufsgewerkschaft auch im lokalen Gewerkschaftskartell. U.a. wählten ihn die Leipziger 1896 und 1898 als Delegierten der »Zentral-Kranken-und Begräbnißkasse der Buchbinder und verwandter Geschäftszweige«, die gleichsam den sozialen Kitt der Organisation bildete.[37] Kloth kandidierte als stellvertretendes Vorstandsmitglied und wurde auch gewählt. Allerdings scheiterte er im April 1896 bei den Wahlen zum Zweiten Deutschen Gewerkschaftskongress. Die Wahlen wurden in zwei Wahlkreisen durchgeführt. Kloth stand gegen den Gewerkschaftsvorsitzenden Adam Dietrich. Nur in seiner Heimatstadt errang der Leipziger eine deutliche Mehrheit.[38]

Seit 1897 gehörte der mittlerweile 32-Jährige zum inneren Zirkel seiner Gewerkschaft. Auf dem Verbandstag 1897 in Halle stellte er weitgehende Anträge zur Reorganisation des Verbandes, wobei er sich mit dem Beschluss durchsetzen konnte, zügig einen hauptamtlichen Redakteur für das Verbandsblatt anzustellen. Bei anderen Fragen zur innerorganisatorischen Ausgestaltung des Verbandes unterlag er.[39] Unverkennbar opponierte Kloth gegen die Stuttgarter Verbandsleitung, die ihm in Tarifauseinandersetzungen zu vorsichtig operierte und der Agitation auf dem flachen Land nicht genügend Aufmerksamkeit schenkte. Als einer von drei Delegierten des Buchbinderverbandes nahm Kloth neben dem Gewerkschaftsvorsitzenden und einem Berliner Vertreter 1899 am Gewerkschaftskongress in Frankfurt am Main teil. Der Kongress adelte regelrecht die nicht unumstrittene Tarifpolitik der Buchdrucker und wählte den Vorsitzenden Emil Döblin in die Generalkommission. Mit dem Kongress stellte auch Kloth seine Polemik gegen die Tarifpolitik der Buchdrucker weitgehend

36 Vgl. Emil Kloth: Eingesandt. Offene Antwort in eigner Sache in: Buchbinder-Zeitung, Jg. 14 (14. Mai 1898), Nr. 20.

37 Vgl. Buchbinder-Zeitung, Jg. 15 (10. Juni 1899), Nr. 23.

38 Vgl. Buchbinder-Zeitung, Jg. 12 (4. April 1896), Nr. 14.

39 Das Protokoll des Verbandstages in Halle erschien nicht als Separatdruck. Vielmehr erschien ab Nr. 10 vom 6. März 1897 an ein Protokoll in der Beilage der »Buchbinder-Zeitung« über mehrere Ausgaben hinweg.

ein und beschränkte sich im Leipziger Gewerkschaftskartell auf harsche Attacken gegen den Buchdrucker-Redakteur Ludwig Rexhäuser, der – in Leipzig aus der SPD ausgeschlossen – einen pointierten Abgrenzungskurs gegen die sozialdemokratische Vorherrschaft in der freien Gewerkschaftsbewegung vertrat.[40] Kloth bedauerte bei seiner Berichterstattung über den Gewerkschaftskongress, »daß das früher vorhandene revolutionäre Feuer auf dem Kongreß nicht vorhanden war«[41], tat allerdings alles dafür, dass die Beschlüsse in Bezug auf die gewerkschaftlich organisierten Buchdrucker in Leipzig umgesetzt wurden.

Der Buchbinderverband »lebte« außerhalb der großen Buchbinderzentren von den Agitationstouren, die in der Regel der Verbandsvorsitzende oder ein anderer überregional bekannter Funktionär unternahm. Die Auftritte namhafter Gewerkschaftsstrategen stellten regelrechte »Events« dar und brachten Abwechslung in die eher grauen Werkstubenversammlungen. Seit 1897 gehörte Emil Kloth zu den Auserwählten, die »auf Tour« gingen.[42]

Kloths gewachsenes Prestige dokumentierte der Berliner Verbandstag im April 1900 im Gewerkschaftshaus am Engelufer. Bei der Delegiertenaufstellung an der Pleiße schlugen die Delegierten die Leipziger Tarifkommission komplett wegen ihrer großen Verdienste vor. Als einer der Delegierten setzte sich Emil Kloth im Wahlakt durch.[43] Gewerkschaftstage der Buchbinder fanden nicht turnusmäßig statt, sondern nur nach erfolgreicher Urabstimmung der Mitglieder. Streitfragen klärte der Verband ebenfalls durch Urabstimmung. Das demokratische System innerverbandlicher Willensbildung – Relikt der föderalistischen Struktur unter dem Sozialistengesetz – erwies sich indes als zu schwerfällig. Neben anderen Funktionären drängte auch Kloth darauf, Verbandstage statuarisch alle drei Jahre zu verankern, was ab 1904 dann geschah. Der Verbandstag von 1900 musste u. a. den neuen, hauptamtlich angestellten Redakteur wählen. Kloth, als Hoffnungsträger von Delegierten vorgeschlagen, lehnte allerdings brüsk ab. Stattdessen wählten die Delegierten Georg Schmidt, den Bruder des sozialdemokratischen Reichstagsabgeordneten und späteren Vizekanzlers Robert Schmidt, zum neuen Chef der *Buchbinder-Zeitung*, der den Vorsitzenden Adam Dietrich in Stuttgart entlasten sollte.

Der Berliner Gewerkschaftstag hatte die Leitlinien für die 1900 anstehenden Tarifauseinandersetzungen vorzugeben. Zunächst wechselte die Gewerkschaft ihren Namen und firmierte bis in die Weimarer Republik hinein als »Deutscher Buchbinder-Verband«.

Kloth stimmte das Gewerkschaftsparlament mit seinem Referat über »Tarifliche Vereinbarungen«[44] ein. Seine vorgeschlagene Strategie lehnte sich stark an die Praxis englischer Gewerkschaften an. Der Leipziger kannte und schätzte die ins Deutsche übersetzten

40 Vgl. E.K.: Unser Verhältnis zu den Buchdruckern und der Correspondent für Deutschlands Buchdrucker, in: Buchbinder-Zeitung, Jg. 14 (5. März 1898), Nr. 10.

41 Buchbinder-Zeitung, Jg. 15 (17. Juni 1899), Nr. 24.

42 Vgl. Protokoll des Achten Verbandstages des Verbandes der in Buchbindereien, der Papier- und Ledergalanteriewaren-Industrie beschäftigten Arbeiter und Arbeiterinnen Deutschlands, Stuttgart 1900, S. 40.

43 Vgl. Buchbinder-Zeitung, 16. Jg. (10. März 1900), Nr. 10.

44 Protokoll des Achten Verbandstages des Verbandes der in Buchbindereien, der Papier- und Ledergalanteriewaren-Industrie beschäftigten Arbeiter und Arbeiterinnen Deutschlands, Stuttgart 1900, S. 79–82.

Werke von Beatrice und Sidney Webb.[45] Als Quintessenz ihrer Untersuchung »Theorie und Praxis der Englischen Gewerkvereine« plädierte er für die Tarifierung des Stücklohns und bezog sich dabei auch auf seine Leipziger Erfahrungen. Strategisches Hauptziel war die Einführung eines nationalen Tarifvertrages über die drei Zentren Stuttgart, Leipzig und Berlin hinaus. Die vom Verbandstag angenommene Resolution bildete die Grundlage der Forderungen an die Buchbindereibesitzer. Die Kapitalseite – gerade erst zu einem Unternehmerverband zusammengeschlossen – lehnte ab, suchte den Konflikt und begann im September 1900 mit Aussperrungen, um verschlechterte Lohnbedingungen durchzusetzen. Wegen der guten Konjunktur folgten die Stuttgarter Unternehmer nur widerwillig. Schlichtend wirkte das Tarifamt der Buchbinder unter der Leitung des Prinzipals Friedrich Wilhelm Georg Büxenstein und des Gehilfenvertreters Paul Schliebs.

Das abgeschlossene Tarifwerk galt nur für Stuttgart, Leipzig und Berlin (»Dreistädtetarif«), strahlte allerdings auf das gesamte Reich aus. Vor allem die Einführung des Neunstundentages sowie von Mindestlöhnen galt vielen Gewerkschaftern als glatte Niederlage der Unternehmer. An den direkten Tarifverhandlungen war Kloth als Schreibwarenhändler nicht beteiligt. Ziemlich gekränkt kritisierte er in Leipzig das Prozedere und die erreichten Ergebnisse: »Wir sind für friedliche Vereinbarungen, sie dürfen aber unserer nicht unwürdig sein.«[46] Kloths Aussage vom Oktober 1900 ist typisch für seine Positionen in den kommenden Jahren. Sein Radikalismus mit Rückzugsmöglichkeiten ließ viele Optionen offen. Er war schwer »festzunageln«. So konnte er im linkssozialistischen Leipziger Milieu politisch und gewerkschaftlich agieren und opponieren, Repräsentanten des Stuttgarter Verbandsvorstandes angreifen, ohne bei Kompromissen das eigene Gesicht zu verlieren. 13 Jahre später feierte er die Tarifergebnisse des Jahres 1900 in seiner Verbandsgeschichte als großartigen Erfolg.

Der erfolgreiche Streik erhöhte die Anziehungskraft des Buchbinderverbandes erheblich. Er gewann im Streik- und Aussperrungsjahr mehr als ein Drittel neue Mitglieder. Mit knapp 8.000 männlichen und knapp 3.800 weiblichen übersprang die Gewerkschaft die magische Marke von 10.000 Mitgliedern. Vor allem aus den Nebenbranchen, die der Buchbinderverband auch rekrutierte, strömten Mitglieder zu. Neben der eigentlichen Buchbinderei waren dies die Kartonagen-, Geschäftsbücher-, Etui- und Albumfabrikation sowie die sogenannte Galanteriebranche. Dieser Zugang machte den Verlust der Portefeuilleindustrie wett, deren Beschäftigten zum freigewerkschaftlichen Sattlerverband drängten. Vor allem Frauen suchten als Hilfsarbeiterinnen als neue Mitglieder unter dem Dach des Buchbinderverbandes Schutz.[47]

45 Gerade im Hinblick auf die spätere hasserfüllte Haltung den englischen Gewerkschaften gegenüber muss der große tarifpolitische Einfluss der englischen Gewerkschaftsbewegung hervorgehoben werden: »Aber in der Lösung der praktischen Fragen können uns die englischen Gewerkschaften als Vorbild dienen […].« (Buchbinder-Zeitung, Jg. 16 (26. März 1900), Nr. 21).

46 Buchbinder-Zeitung, Jg. 16 (13. Oktober 1900), Nr. 11.

47 Vgl. Der Deutsche Buchbinder-Verband im Jahr 1900. Bericht des Vorstandes, Stuttgart 1901, S. 56f.

Nach dem Berliner Gewerkschaftstag stieg Emil Kloth zum wirkungsvollsten Oppositionssprecher innerhalb des Verbandes auf. Er formulierte von Leipzig aus sein Unbehagen gegen den Kurs des Stuttgarter Gewerkschaftsvorstandes. Vor allem am neuen Redakteur Georg Schmidt arbeitete Kloth sich ab. Teilweise nahm die Pressefehde groteske und skurrile Züge an und machte die beschauliche *Buchbinder-Zeitung* zum Schlachtfeld heftiger Fraktionskämpfe.[48] Georg Schmidt war »bekennender« Revisionist. Seine Kritik gegenüber dem sozialdemokratischen Mainstream hatte zwei Hauptbestandteile: eine unorthodoxe Haltung zur Maifeierbewegung und eigenständige Positionen in der Neutralitätsdebatte SPD/Gewerkschaften.

Georg Schmidt verdichtete 1904 in den *Sozialistischen Monatsheften* seine Kritik an der Maifeierbewegung, die er bereits jahrelang in der *Buchbinder-Zeitung* entwickelt hatte. Entgegen den hochgespannten Erwartungen hätten alle Aktionen zum 1. Mai keinerlei Arbeitszeitverkürzungen erbracht. Die Maifeierbewegung habe im Gegenteil jeden Schrecken auf das Bürgertum eingebüßt. Jeder rein gewerkschaftliche Arbeitskampf sei erfolgreicher. Die Quintessenz: »Nach all diesen Betrachtungen muss die Maifeier als eine verfehlte Sache bezeichnet werden, die baldigst zu beseitigen nur im Interesse der Gewerkschaften und auch Parteibewegung liegen kann.« Und: »man befreie die Gewerkschaften von einer Last und verpflichte niemanden, sei es auch nur durch losen Zwang, sich an der Feier zu beteiligen und alle Jahre seine Existenz aufs Spiel zu setzen.«[49] Schmidt zielte mit seiner Polemik auch gegen die Idee des politischen Massenstreiks.

Die Meinung des Redakteurs blieb nicht die einzige Ketzerei. Vom fernen Stuttgart aus nahm Schmidt in einem der heftigsten Konflikte innerhalb der Leipziger Gewerkschaftsbewegung für Kloths innergewerkschaftlichen Rivalen Ludwig Rexhäuser Stellung. Was waren die Ursachen? In einer tarifrechtlich schwer durchschaubaren Gemengelage kündigte die *Leipziger Volkszeitung* im November 1900 zwei Verbandsmitgliedern des Buchdruckerverbandes wegen Einführung einer Setzmaschine.[50] Der Verband der Deutschen Buchdrucker verhängte als Reaktion eine Sperre gegen das linke Flaggschiff der Partei wegen gewerkschaftsschädigenden Verhaltens. Im Mittelpunkt der Auseinandersetzungen stand Ludwig Rexhäuser, Leipziger Chefredakteur des *Korrespondent für Deutschlands Buchdrucker und Schriftgießer.* Die Leipziger Parteiorganisation hatte Rexhäuser aus der SPD ausgeschlossen, da er die in Leipzig verpönte Idee einer »Tarifgemeinschaft« aggressiv verteidigte.[51] In Wirklichkeit

48 Georg Schmidt, geboren am 30. 1. 1869 in Berlin, arbeitete zur Zeit der Ausschreibung der Redakteursstelle als gelernter Portefeuiller in Berlin und hatte sich in vielen Diskussionen um die Ausgestaltung der *Buchbinder-Zeitung* einen Namen gemacht. Siehe Handbuch des Vereins Arbeiterpresse, 4. Folge 1927, S. 195.

49 Georg Schmidt: Die Maifeier. Ein Wort zum Internationalen Congress, in: Sozialistische Monatshefte, Jg. 10 (1904), S. 442.

50 Kloth war an der Kündigung unmittelbar beteiligt. Er hatte als sozialdemokratischer Redakteur den Vorschlag eingebracht, bei der Kündigung nicht das üblicherweise geltende Anciennitätsprinzip walten zu lassen, sondern nach Parteimitgliedschaft zu verfahren. Siehe Buchbinder-Zeitung, Jg. 16 (22. Dezember 1900), Nr. 51.

51 Willi Krahl: Der Verband der Deutschen Buchdrucker, Bd. 2, Berlin 1933, S. 384.

verbargen sich hinter dem Leipziger Konflikt ungeklärte Rollenbeschreibungen von Sozialdemokratischer Partei und freier Gewerkschaftsbewegung. Der Buchbinder-Redakteur Georg Schmidt nahm durchgehend (wenn auch in einigen Fragen modifiziert) zugunsten des Buchdruckerkollegen Stellung, der zunehmend den »revolutionsoptimistischen« Teil des Erfurter Programms infrage stellte und auf völlige Unabhängigkeit der Gewerkschaften von der Sozialdemokratie drängte.

Kloth, 1902 zum Leipziger sozialdemokratischen Stadtverordneten gewählt, konterte. Nach wie vor bilde der Massenstreik ein wichtiges Instrument: »Nicht die weinerliche Sentimentalität eines lendenlahmen Opportunismus setzt das Triebrad der sozialen Entwicklung in Bewegung, sondern die wildschäumenden Wasser revolutionärer Straßendemonstrationen.«[52] In weiteren Formulierungen fanden sich Gedankengänge, die denen Rosa Luxemburgs ähnelten. In seiner Beschreibung der unterschiedlichen Funktionen von Partei und Gewerkschaften befand sich Kloth ganz beim marxistischen Zentrum der Partei. Als oppositioneller Gewerkschafter im Buchbinder-Verband argumentierte er weitgehend »sozialdemokratisch«: »Das Ziel beider Organisationen ist vor allem Förderung der Arbeiterinteressen und der [sic!] Befreiung der gesamten Menschheit, und wenn beide in logischer Konsequenz dies Ziel verfolgen, so wird ihnen nichts übrig bleiben, als die Aufhebung des Privateigentums an den Produktionsmitteln zu erkämpfen.«[53]

Allerdings blieb es nicht bei revolutionstheoretischen Erörterungen. Typisch für Kloth: Im Verbandsblatt griff er Schmidt und seine Unterstützer in ungezügelter Sprache an. Der bislang in Berlin eher unauffällig residierende Gewerkschaftsausschuss, Kontrollgremium des Vorstandes zwischen den Verbandstagen, tagte zeitweise in Permanenz, um Konflikte zwischen Redaktion und dem Leipziger »Aufpasser« zu schlichten. Kloth redigierte phasenweise eine eigene Minizeitung innerhalb des Verbandsblattes. Unter dem Decknamen »Die Wacht an der Pleiße« erschienen unregelmäßig Leipziger Briefe. Als Basis dienten vertrauliche Informationen aus den Betrieben. Im Stile der Berichterstattung sozialdemokratischer »Gerichtszeitungen« blätterte der Verfasser kriselnde Unternehmungen auf, gab über den Gesundheitszustand von Prinzipalen und deren moralische Defizite Auskunft, um letztendlich die mitgeteilten Informationen gewerkschaftspolitisch zu nutzen. Aus allen Konflikten mit dem im Schwäbischen residierenden Gewerkschaftsvorstand und seinem Redakteur zog Kloth den Schluss, den Verbandsvorstand nach »Norddeutschland« zu verlegen und konnte – wenn auch knapp – die Leipziger Mitglieder für diesen Plan gewinnen.[54]

Die Entscheidung über den künftigen Sitz des Buchbinderverbandes fiel auf dem 9. Verbandstag im Juli 1904 im »Volkshaus« in Dresden. Ganz offensichtlich kam es im Vorfeld des Gewerkschaftstages zu Vorabsprachen der Berliner und Leipziger Gewerkschaftsrepräsentanten, die auch die Hamburger Delegierten auf ihre Seite zogen. Vor allem aus Berlin – tradi-

52 E.K.: Generalstreik in: Buchbinder-Zeitung, Jg. 18 (17. Mai 1902), Nr. 20.

53 E.K.: Bedürfen die Gewerkschaften eigener Vertreter in den Parlamenten?, in: Buchbinder-Zeitung, Jg. 19 (21. Februar 1903), Nr. 8.

54 Vgl. Buchbinder-Zeitung, Jg. 20 (7. Mai 1904), Nr. 19.

tionell die »linke Speerspitze« im gewerkschaftlichen Lager des grafischen Gewerbes – kamen die Stimmen, eine neue aktive Tarifpolitik mit einer Verlegung des Verbandssitzes zu verbinden. Auf dem Gewerkschaftstag kursierte das Bonmot vom »Dresdener Jungbrunnen«.[55] Der Stuttgarter Verbandsvorstand, so die Berliner, Leipziger und Hamburger Delegierten, sei durchweg »verknöchert«. Kloth zeigte weitergehende Perspektiven auf: Nur über die Ausweitung von Arbeitskämpfen in die Provinz hinein könne der Verband sein Potenzial ausschöpfen. Außerdem mahnte er eine Professionalisierung des gewerkschaftlichen Buchbinderverbandes an. Es gelte, durch mehr hauptamtliche Funktionäre die Schlagkraft zu steigern. Ferner suchte Kloth mit den klassischen Oppositionsargumenten zu punkten und verlangte mehr Mitbestimmungsrechte für die Mitglieder.[56] Der Leipziger Oppositionelle machte deutlich, dass er sich für den kommenden Mann hielt, der den Buchbinderverband zu neuen Ufern führen würde. Kontroversen Themen wie Generalstreik, Verhältnis zur SPD, Beziehungen zu den neu entstandenen christlichen Gewerkschaften und zur Tarifierung von Frauenarbeit nahm der Leipziger Aktivist durch eine geschickte Einerseits/Andererseits-Strategie die Spitze.

Die nahezu einstimmige Wahl Adam Dietrichs zum neuen Verbandsvorsitzenden war mehr oder weniger eine Formalie, da im Vorfeld klar gewesen war, dass der angesehene Gewerkschaftsgründer aus familiären Gründen die schwäbische Metropole nicht mehr verlassen würde.[57] Obgleich der alte Verbandsvorsitzende sich vehement gegen eine Verlegung des Verbandssitzes wehrte, votierte der »Dresdener Jungbrunnen« mit 35 gegen 24 Stimmen für eine Verlegung des Verbandssitzes nach Berlin.[58]

In der anschließenden Kampfabstimmung setzte sich Emil Kloth gegen den Berliner Vorsitzenden Eugen Brückner[59] mit 39 gegen 18 Stimmen durch. Der spätere SPD-Reichstagskandidat und Preußische Landtagsabgeordnete Brückner erhielt nach späteren Bekundungen Berliner Delegierter nicht alle Delegiertenstimmen aus der Hauptstadt.[60] Die nach Branchen fraktionierte Berliner Mitgliedschaft war unterschiedlich »radikal«. Der eher gemäßigte Brückner stützte sich auf die »Nebenbranchen«, während die eigentlichen »radikalen« Buchbinder für den kämpferischen Emil Kloth votierten. Zwar verzichtete der gewählte Vorsitzende Adam Dietrich auf sein Amt, der einstimmig gewählte Verbandskassierer (und spätere

55 Protokoll des Neunten Verbandstages des Deutschen Buchbinder-Verbandes. Abgehalten in Dresden im »Volkshaus« in der Zeit vom 4. bis 9. Juli 1904, Stuttgart 1904, S. 45.

56 Ebd., S. 127.

57 Ebd., S. 181.

58 Ebd., S. 179.

59 Zu Eugen Brückners Lebenslauf siehe Handbuch des Vereins Arbeiterpresse, 4. Folge 1927, S. 148 sowie die digitalisierte Ausgabe des biografischen Teils des gedruckten Handbuches: Wilhelm Heinz Schröder: Sozialdemokratische Reichstagsabgeordnete und Reichstagskandidaten 1898 -1918. Biographisch-statistisches Handbuch, Düsseldorf 1986 (http://zhsf.gesis.org/ParlamentarierPortal/biokand_db/biokand_db.php, letzter Aufruf am 11.8.2014). Siehe auch den Nachruf im Verbandsorgan Eugen Brückner, in: Buchbinder-Zeitung, Jg. 47 (9. August 1931), Nr. 33.

60 Vgl. Protokoll der Verhandlungen des 10. Verbandstages des Deutschen Buchbinder-Verbandes abgehalten in Nürnberg vom 24.–26. Juni 1907, Berlin 1908, S. 65.

Vorsitzende) Eugen Haueisen[61] und der zuvor von Kloth nochmals abgekanzelte und mit zehn weißen Stimmzetteln »bestrafte« Redakteur Georg Schmidt brachten indes zum Ausdruck, mit Kloth nach Berlin ziehen zu wollen. Nach gut einem Vierteljahrhundert verließ Kloth Leipzig, gab dort sein mittelständisches Geschäft und seine politischen und gewerkschaftspolitischen Ämter auf und siedelte in das damals noch selbstständige Neukölln über. Sein Amt trat er am 1. Oktober 1904 an.[62]

61 Eugen Haueisen, geboren am 27. Januar. 1868 in Münsingen (Württemberg), gestorben am 28. Januar. 1947 in Stuttgart. Seit dem 1. Mai 1895 arbeitete er erst ehrenamtlich, dann ab 11. Juli 1896 hauptamtlich als Hauptkassierer des Buchbinderverbandes. Im Juni 1919 wurde er zum Verbandsvorsitzenden gewählt. Haueisen ging im Oktober 1932 in Pension und kehrte zurück nach Stuttgart. Siehe Eugen Haueisen in: Buchbinder-Zeitung, Jg. 48 (9. Oktober 1932), Nr. 42; ferner Korrespondent. Mitteilungsblatt für die Funktionäre der Industriegewerkschaft Graphisches Gewerbe und Papierverarbeitung im FDGB, Sowjetische Besatzungszone, März 1947, Nr. 3.

62 Vgl. Der Deutsche Buchbinder-Verband im Jahr 1904. Bericht des Vorstandes, Berlin 1905, S. 63.

Chaos und Niederlage

Die neue Funktion konfrontierte Kloth zunächst mit Aufgaben, die ihm bislang fremd gewesen waren: Personal- und Menschenführung. Das Ergebnis glich nach kurzer Zeit einem Chaos. Mit der aus Leipzig bekannten Härte ging der neue Buchbinderchef zunächst gegen die eigenen engen Mitarbeiter vor. Vor allem der Redakteur Georg Schmidt blieb ihm ein Dorn im Auge. Innergewerkschaftliche Polemiken – wenn sie denn öffentlich ausgetragen wurden – zeichneten sich in der Regel durch eine harsche Sprache aus. Mitgefühl für den andersdenkenden Gewerkschaftskollegen blieb dabei meist auf der Strecke. Der Zwist im Buchbinderverband stellte indes die meisten anderen Gewerkschaftskonflikte in den Schatten. »Es hat Zeiten gegeben,« – resümierte 1907 der Stuttgarter Karl Banzhaf – »in denen man es nicht wagen konnte, unsere Zeitung irgend einem Indifferenten zu geben.« Der Buchbinderverband sei durch den Stil der Auseinandersetzung »zum Gespött der ganzen deutschen Gewerkschaftswelt geworden«.[63] An der Härte der Auseinandersetzung hatte Kloth maßgeblichen Anteil. Entnervt flüchtete der Redakteur Anfang 1906 als Arbeitersekretär nach Dessau. In seinem Abschiedsartikel zeichnete er ein feines Psychogramm seines alten Chefs, der seinen Gefühlen weitgehend hilflos ausgeliefert sei.[64] Kloth konterte (»aus diesem Machwerk dampft uns nicht Märtyrerblut, sondern grinst uns das von ohnmächtiger Wut verzerrte Antlitz eines verblendeten Menschen entgegen«)[65] und warnte die anhaltinischen Kollegen vor dem Neuankömmling. Dem Scheidenden prophezeite er, im wirtschaftsfriedlichen christlichen Sumpf zu landen.

Sofort nach Amtsantritt versuchte Kloth, sich gleichermaßen des Kassierers Eugen Haueisen zu entledigen, der aus Stuttgart nach Berlin mitgekommen war und als untadeliger Finanzchef hohes Ansehen genoss. Haueisen stand für den Stuttgarter Gewerkschaftspragmatismus. Gründe des Konflikts waren – vom alten Stuttgarter Vorstand abgesegnete – Zahlungen der Zentralkasse an die Berliner Organisation, um die erhöhten Agitationskosten in der Reichshauptstadt auszugleichen.

Gleichzeitig blieb Kloth im innergewerkschaftlichen Berliner Getriebe nicht neutral. Ähnlich wie bei den organisierten Buchdruckern rangen in der Hauptstadt einige Branchenführer um Einfluss, wobei sich gewerkschaftspolitische und politische Motive zeitweise bis zur Unkenntlichkeit mischten. Kloth stellte sich unverblümt auf die Seite der innergewerkschaftlichen Opposition, die sich auf die eigentlichen Buchbinder stützte. Mithilfe von Resolutionen wollte der Vorsitzende unliebsame ehrenamtliche Vorstandsmitglieder stürzen. Seit der Sitzverlegung 1904 ergänzten Ehrenamtler am Vorort Berlin den Verbandsvorstand und hatten dort auch die Mehrheit. Zwei von ihnen gaben infolge von Kloths Treiben entnervt

63 Protokoll der Verhandlungen des 10. Verbandstages des Deutschen Buchbinder-Verbandes abgehalten in Nürnberg vom 24.–29. Juni 1907, Berlin 1907, S. 92.

64 Vgl. Georg Schmidt: Zum Abschied, in: Buchbinder-Zeitung, Jg. 22 (3. Februar 1906), Nr. 5.

65 Emil Kloth: Zum Abschied des Redakteurs Schmidt, in: Buchbinder-Zeitung, Jg. 22 (21. April 1906) Nr. 16.

auf. Das Klima im Berliner Vorstand war völlig vergiftet. Einige Funktionäre sahen ihr Heil darin, einen außerordentlichen Gewerkschaftstag einzuberufen, um prinzipielle Klärungen herbeizuführen.

Nach dem Dresdener Gewerkschaftstag 1904 musste der Ausschuss – höchstes Kontrollorgan des Verbandes zwischen den Gewerkschaftstagen – von Berlin nach Leipzig wechseln und hatte alle Hände voll zu tun, wechselseitige Beschwerden aufzuarbeiten, die von tiefen Verletzungen zeugten.[66] Sucht man nach einem politischen Kern, so erkennt man das Bemühen des Vorsitzenden, einen homogenen Funktionärskörper zu schaffen, um unter seiner Leitung kommende tarifliche Auseinandersetzungen siegreich zu gestalten. Auf dem Gewerkschaftstag 1907 bemühten sich einfache Buchbinder und Buchbinderinnen und beteiligte Funktionäre, die vielen Konflikte aufzuarbeiten. Oft hilflos, meist aber mit gutem Auge, beschrieben sie ihren neuen Vorsitzenden als eine gestörte, narzisstische Persönlichkeit.[67] Kloth antworte durchgängig mit dem gleichen Interpretationsmuster (»Schuld haben die anderen«), vorgetragen mit vielen selbstmitleidigen Untertönen und der stetigen Drohung, aus der Verantwortung zu fliehen. Auf der anderen Seite war er bei allen Auseinandersetzungen hervorragend vorbereitet. Ein glänzendes Gedächtnis, wache Intelligenz, gute rhetorische Fähigkeiten und wohlgeordnete Unterlagen sicherten ihm oft einen Diskussionsvorsprung. Das zurückgetretene Vorstandsmitglied, der spätere Berliner Arbeitersekretär und SPD-Bezirksvorsitzende Max Kempke, stellte 1907 frustriert fest: »Viele Stunden wurden damit verbraucht, daß Kloth alten Tratsch, alte Protokolle und Privatbriefe ausgegraben hat, an die kein Mensch mehr dachte. Anstatt versöhnend zu wirken, hat er stets durch derartige Ausgrabungen die Gegensätze verschärft.«[68]

Die an Kloth auf dem Nürnberger Gewerkschaftstag geäußerte Kritik nahm deshalb so scharfe Züge an, weil neben persönlichen Animositäten zentrale Fragen der Gewerkschaftsstrategie auf dem Spiel standen. Was war geschehen? Getragen von großem Optimismus, gespeist durch die positive Stimmung der preußischen Wahlrechtskämpfe in den ersten Monaten des Jahres 1906, votierten zwei unterschiedliche Versammlungen Berliner Buchbinder mit übergroßer Mehrheit für konsequente Arbeitsruhe am 1. Mai 1906. Eine Funktionärs- und Mitgliederversammlung verschärfte jeweils noch die »üblichen« Ausnahmebe-

66 Der Bericht des Ausschusses an den Verbandstag in Nürnberg 1907. Geschäftsperiode: August 1904 bis Mai 1907, in: Protokoll der Verhandlungen des 10. Verbandstages des Deutschen Buchbinder-Verbandes abgehalten in Nürnberg vom 24.–26. Juni 1907, Berlin 1908, S. 28–34 bildet eine einigermaßen objektive Kurzfassung der Konflikte.

67 Das Protokoll des Gewerkschaftstages von 1907 kann als das Schlüsseldokument für Kloths Persönlichkeitsanalyse angesehen werden. Es bietet Belegstücke in Hülle und Fülle. Das zurückgetretene Vorstandsmitglied Ernst Klar: »Aber das gehört zu seiner Taktik, die Angreifer von vorneherein in den Verdacht der Voreingenommenheit gegen ihn zu sehen. […] Er ist eine so cholerisch veranlagte Natur, daß er es niemals lernen wird, Streitigkeiten zu schlichten, sondern er wird regelmäßig Partei ergreifen.« (S. 78 und S. 80).

68 Protokoll der Verhandlungen des 10. Verbandstages des Deutschen Buchbinder-Verbandes abgehalten in Nürnberg vom 24.–26. Juni 1907, Berlin 1908, S. 76.

dingungen, unter denen Arbeit am Maifeiertag in den Werkstuben zugestanden wurde.[69] Für den Fall der Fälle – nämlich einer Aussperrung im Gewerbe – stellte die Berliner Lokalorganisation ausreichende Unterstützung für die Ausgesperrten in Aussicht.

Die kämpferische Stimmung der Berliner gewerkschaftlich organisierten Buchbinder, ihre Nähe zu den sozialdemokratischen Maiaufrufen entsprach nahezu dem Wunschbild, das Kloth während seiner Leipziger Zeit von einer kämpferischen Arbeiterbewegung eingefordert hatte. Zwar warnte er vor dem schwer zu kalkulierenden Risiko einer Aussperrung, stimmte aber als »einfaches Mitglied« auf der Berliner Mitgliederversammlung der Mairuhe zu.[70] Die Zeit der leichten gewerkschaftlichen »Siege« im Gewerbe war indes durch die schleichende Unternehmenskonzentration in den bislang eher handwerklich geprägten Strukturen abgelaufen. Der nach den Arbeitskämpfen 1896 und 1900 inzwischen vorzüglich organisierte Unternehmerverband nutzte die Berliner Resolutionen und setzte den Buchbinderverband mit einem Ultimatum unter Druck: Arbeitsruhe am 1. Mai bedeute Aussperrung und die sofortige Kündigung des laufenden Dreistädtetarifes. Damit drohten den Arbeitern Tarifauseinandersetzungen in der »flauesten« Konjunkturphase des Gewerbes. Verbandsvorstand und Berliner Lokalleitung hofften auf Begrenzung einer möglichen Aussperrung auf die Reichshauptstadt und lehnten das Ultimatum ab. Die im Mai in Berlin angelaufene Aussperrung weitete sich indes auf die drei Tarifstädte aus und dauerte drei Monate. Während der Aussperrung setzte Kloth all seine Kampfesrhetorik ein, für die ihn die Leipziger Mitglieder geschätzt hatten.[71] Die Kraftprobe, bei der Kloth keine geschickte Rolle spielte, endete mit einer vollständigen Niederlage des Buchbinderverbandes und ruinierte die finanziellen Ressourcen der Gewerkschaft. Die Aufwendung für die Ausgesperrten betrug 621.000 Mark und übertraf die Rücklagen des Verbandes um ein Vielfaches.[72]

Trotz großer nationaler und internationaler Solidarität blieb der Verband verschuldet. Noch schlimmer: Der abgeschlossene Tarifvertrag brachte nur minimale ökonomische Verbesserungen. Viele Ausgesperrte blieben lange arbeitslos. Ihr heroischer Einsatz blieb ohne Lohn. Einziger Erfolg: Die angestrebte Zerschlagung der Gewerkschaft konnte verhindert und demütigende Spielregeln für kommende Tarifauseinandersetzungen konnten abgewehrt werden. Die Streikniederlage traf Kloth tief. Seit dem Sommer 1906 argumentierte er »vorsichtiger«; eine Annäherung an den moderaten Flügel der Sozialdemokratie war unübersehbar. Schon 1906 äußerte er regelrechte Bewunderung für die Streikstrategie der Unternehmerseite.[73] Als späterer Rechtsradikaler überhöhte er die Arbeitskampferfahrungen zu einem regelrechten Erweckungserlebnis. Seine Erkenntnis: Die Sozialdemokratie habe unschuldige

69 Detaillierte Hintergründe über die unterschiedlichen Interpretationen des Arbeitskampfes bietet das Gewerkschaftsprotokoll von 1907.

70 Der Originaltext der Resolution findet sich in der Buchbinder-Zeitung, Jg. 22 (21. April 1906), Nr. 16.

71 Vgl. Emil Kloth: An alle Kollegen und Kolleginnen!, in: Buchbinder-Zeitung, Jg. 22 (12. Mai 1906), Nr. 19.

72 Vgl. Der Deutsche Buchbinder-Verband im Jahr 1906. Bericht des Vorstandes, Berlin 1907, S. 74.

73 Ebd., S. 68f.

Arbeiter in den Kampf getrieben und sich anschließend nicht an den Kosten beteiligt.[74] Jahrelang arbeitete sich Kloth an der Streikniederlage ab und suchte nach »Schuldigen«. Er fand einen alsbald im Leiter der Mitgliederversammlung, Viktor Bruck, den er noch als Gauleiter des Buchbinderverbandes in Schlesien »verfolgte«.[75]

Bei der Aufarbeitung der Streikniederlage auf dem Verbandstag 1907 griffen vor allem die Delegierten der Provinz – wie sich die Vertreter kleinerer Buchbinderzentren selbst nannten – Kloths Streikstrategie an. Die unzulängliche Streiktaktik habe den kleineren Städten jeden Raum genommen, selbst erfolgreich für Lohnerhöhungen zu streiken. Gerade mit diesem Versprechen hatte Kloth wenige Jahre vorher gepunktet. Adam Dietrich, der geachtete Altvorsitzende, griff die Naivität an, mit der der Vorsitzende den Arbeitgebern auf den Leim gegangen sei. Sein einflussreicher Stuttgarter Ortsverband forderte die Verlegung des Verbandssitzes weg von Berlin in eine andere Stadt. Kloth glaubte offensichtlich selbst nicht mehr an seine Wiederwahl. Nur die gewerkschaftliche Solidarität dem eigenen Vorsitzenden gegenüber – es stellte sich kein Gegenkandidat zur Verfügung – verhinderte seine Abwahl. Der seit April 1906 amtierende 2. Vorsitzende Wilhelm Harder (langjähriger Hannoveraner Ausschussvorsitzender) lehnte eine Kandidatur ab. Mit 31 Ja-Stimmen (bei abgegebenen 27 ungültigen Stimmen und Enthaltungen) entging Kloth nur knapp einer blamablen Niederlage.[76]

74 Vgl. Emil Kloth: Alter Maifeierkohl, in: Der Deutsche Vorwärts, Jg. 2 (1925), Nr. 18. Die Sozialdemokratie stellte immerhin für die Berliner Ausgesperrten 10.000 Mark zur Verfügung.

75 Vgl. Emil Kloth: Reichstarifverträge und Betriebschaften, in: Der Deutsche Vorwärts, 3. Jg. (1926), Nr. 30. Spätestens mit seinem Redebeitrag auf dem Gewerkschaftstag 1907 hatte Bruck sich den Zorn Kloths zugezogen. Bruck 1907: »Der Verbandstag in Dresden hat in der Wahl des Mannes, den er an die Spitze der Organisation gestellt hat, einen Fehlgriff getan.« Siehe Protokoll der Verhandlungen des 10. Verbandstages des Deutschen Buchbinder-Verbandes abgehalten in Nürnberg vom 24.–26. Juni 1907, Berlin 1908, S. 248.

76 Vgl. Protokoll der Verhandlungen des 10. Verbandstages des Deutschen Buchbinder-Verbandes abgehalten in Nürnberg vom 24.–26. Juni 1907, Berlin 1908, S. 262.

Konsolidierung

Kloth hatte auf dem Gewerkschaftstag von 1907 ein miserables Abstimmungsergebnis hinnehmen müssen. Mit Ach und Krach hatte der Verband eine Zerreißprobe überstanden. Die vom Vorsitzenden schmerzlich gefühlte Niederlage hatte Folgen: Auf Vorstandsebene setzten zivilisiertere Formen des innergewerkschaftlichen Miteinanders ein. Kloths ungezügelte Aggressionen gegen reale und vermeintliche Kontrahenten ließen nach; sein Umgangston wurde milder. Gleichwohl kam es phasenweise immer noch zu »Eruptionen«.

Die Aufarbeitung der Streikniederlage von 1906 bedeutete auch für den Verband einen Neuanfang. Dieser erfolgte faktisch nach der Blaupause der strategischen Neuausrichtung der gewerkschaftlich organisierten Buchdrucker nach deren Streikniederlage der Jahre 1890/91. Denn nicht nur die Gewerkschaft war kurzfristig handlungsunfähig. Auch einige Großbuchbindereien erholten sich von den Folgen der Aussperrung nicht mehr. Auf der Kapitalseite wuchs die Bereitschaft, künftig moderne Arbeitsbeziehungen zu pflegen und durch tarifvertragliche Regelungen Schmutzkonkurrenz auszuschalten. Für alle sichtbar vollzog sich der Rollenwechsel auf dem 11. Verbandstag 1910 in Erfurt. In einem hochinteressanten Diskurs über Taktik, Klassenkampf und die Entwicklung gewerkschaftlicher Kämpfe gab Kloth dem anwesenden Vorsitzenden der Buchdrucker Emil Döblin gegenüber klein bei.[77] Vom denunziatorischen »System Döblin« vom »schlüpfrigen Weg der Verhandlungen« von den »drückendsten Fesseln«, die die Arbeiterschaft vom Klassenkampf abhalte, war keine Rede mehr.[78] In einer von ihm persönlich formulierten Resolution verpflichtete der Buchbindervorsitzende seine Gewerkschaft auf das Modell langfristiger tariflicher Arbeitsbeziehungen mit dazugehörigen Schiedsgerichten.

Alle schwelenden Konflikte schienen 1910 wie weggeblasen: Mit 72 von 74 Delegiertenstimmen bestätigten die Delegierten Kloth in seinem Amt.[79] Auch das Stimmenergebnis drei Jahre später in Stuttgart fiel eindeutig aus: Trotz Gegenwind aus der Berliner Zahlstelle gaben 80 von 88 Delegierten ihre Stimme dem bisherigen Vorsitzenden.[80] Nach schwierigem Start schien Kloth im eigenen Verband »angekommen« zu sein. Zusammenarbeit mit bürgerlichen

77 Vgl. Protokoll der Verhandlungen des 11. Verbandstages des Deutschen Buchbinderverbandes abgehalten in Erfurt vom 13.–18. Juni 1910, Berlin 1910, S. 100ff.

78 E.K.: Unser Verhältniß zu den Buchdruckern und der Correspondent für Deutschlands Buchdrucker, in: Buchbinder-Zeitung, Jg. 14 (5. März 1898), Nr. 10. Der Artikel bildete nur die Spitze des Eisberges. Döblin verwahrte sich bereits 1897 in einer seiner seltenen Pressepolemiken gegen Kloth und seinen Stil, der gewerkschaftsstrategische Dinge mit persönlichen Invektiven verband: »Die Art und Weise, wie der Artikelschreiber mich anrempelt, ist eine so unpassende, daß meine Anschauung über Anstand und gute Sitte es mir verbieten, auf derartige Geschmacklosigkeiten näher einzugehen.« (In: Buchbinder-Zeitung, Jg. 13 (19. Juni 1897), Nr. 25).

79 Vgl. Protokoll der Verhandlungen des 11. Verbandstages des Deutschen Buchbinderverbandes abgehalten in Erfurt vom 13.–18. Juni 1910, Berlin 1910, S. 336.

80 Vgl. Protokoll der Verhandlungen des 12. Verbandstages des Deutschen Buchbinder-Verbandes. Abgehalten in Stuttgart vom 16.–21. Juni 1913, Berlin 1913, S. 308.

Sozialreformern verweigerte er nicht mehr. Als Bundesgenossen im Kampf um die Verbesserung des Schutzes der Heimarbeiterinnen waren ihm aufgeklärte Liberale hochwillkommen.[81]

Sein gewachsenes Renommee als gestandener Gewerkschaftsvorsitzender schlug sich auch auf internationaler Ebene nieder. Versuche eines engeren Zusammenschlusses der gewerkschaftlich organisierten Buchbinder lassen sich seit der Jahrhundertwende verfolgen. Die erste »richtige« internationale Konferenz fand im Anschluss an den Nürnberger Verbandstag 1907 statt. Sechs mitteleuropäische und skandinavische Verbände hoben das Internationale Buchbinder-Sekretariat aus der Taufe und wählten Kloth zum Internationalen Sekretär.[82] Symptomatisch für alle gewerkschaftlichen Berufsorganisationen, die im handwerklichen Milieu wurzelten, standen im Mittelpunkt der Diskussion Unterstützungsleistungen für reisende Berufskollegen, die im Ausland arbeiteten. Dies sollte sich auch in den kommenden Jahren nicht ändern. Als Kontrollorgan zwischen den internationalen Gewerkschaftskongressen fungierte statuarisch der Vorstand des Deutschen Buchbinder-Verbandes. Der deutsche Verbandsvorsitzende erhielt den Auftrag, ein Mitteilungsblatt herauszugeben. Im August 1908 war das Werk vollbracht. Gleich zu Beginn des programmatischen Aufrufs formulierte der Vorsitzende sein Glaubensbekenntnis: »Die internationale Verbindung der Arbeiter aller Länder ist kein leerer Wahn, sondern Wirklichkeit geworden!«[83] Eine weitere Herzensangelegenheit Kloths war die Gewinnung der nationalen Buchbinderorganisationen in den USA und England, da nur mit ihnen die Buchbinder-Internationale Wirklichkeit werde. Seit 1910 erschien das Mitteilungsblatt auch in französischer und englischer Sprache.

Im internationalen Organ hielt sich Kloth sehr zurück. In einheimischen Veröffentlichungen machte er allerdings kein Hehl aus seiner Ansicht, nur an der deutschen »großen leistungsfähigen Berufsorganisation könnten sich die ausländischen Bruderorganisationen ein Beispiel nehmen«.[84] Mit diesen Tönen unterschied sich der Buchbinderchef von keinem anderen seiner deutschen Gewerkschaftskollegen, die mehrheitlich den Internationalen Berufssekretariaten vorstanden. Die organisatorische Überlegenheit der deutschen Buchbinderorganisation erkannten die kleineren ausländischen Buchbinderverbände allerdings unumwunden an, zumal der deutsche Verband die größte Unterstützung bei internationalen Arbeitskämpfen beisteuerte und sich bei Sammlungen stets auf die Opferbereitschaft seiner Mitglieder verlassen konnte. Kloths Wiederwahl 1910 (nach dem deutschen Verbandstag)

81 Vgl. Emil Kloth: Die Internationale Hygiene- und Heimarbeits-Ausstellung in Dresden, in: Buchbinder-Zeitung, Jg. 26 (12. November 1910), Nr. 46. Emil Kloth: Der Zweite Internationale Heimarbeitskongreß in Zürich in: Buchbinder-Zeitung, Jg. 28 (28. September 1912), Nr. 40.

82 Vgl. Protokoll der I. Internationalen Konferenz von Vertretern der Buchbinder-Verbände. Abgehalten in Nürnberg am 30. Juni und 1. Juli 1907, Berlin 1907, S. 24.

83 Emil Kloth: Zur Einführung, in: Mitteilungsblatt des Internationalen Buchbinder-Sekretariats der Internationalen Buchbinder-Föderation, August 1908, Nr. 1.

84 Emil Kloth: Geschichte des deutschen Buchbinderverbandes und seiner Vorläufer, Bd. 2, Berlin 1913, S. 396.

und im Juni 1913 in Brüssel waren somit eher formaler Natur.[85] Immer wieder äußerten die Bruderverbände den Wunsch, Kloth möge regelmäßig ihre Verbandstage besuchen. 1914 stand der deutsche Vorsitzende kurz vor seinem größten Erfolg: Der englische Verband erklärte seine Bereitschaft, der Internationale beizutreten.

Als Internationaler Sekretär nahm Kloth an den regelmäßigen Konferenzen der Vorsitzenden der Internationalen Berufssekretariate teil, bei denen die deutschen Gewerkschaftsvorsitzenden aufgrund der Mitgliederstärke und Finanzkraft nahezu unter sich blieben. Anders als der Vorsitzende der Generalkommission, Carl Legien, schätzte er den Wert der Konferenzen der Internationalen Berufssekretäre hoch ein.[86] Kloth unterstützte Pläne, 1915 nach der Weltausstellung in San Francisco zu tagen und die Einladung der amerikanischen Gewerkschaften anzunehmen.[87] Gegenüber Karl Kautsky hatte er bereits 1909 den Besuch des amerikanischen Gewerkschaftsführers Samuel Gompers in Deutschland verteidigt. Niemand müsse mit Gompers gewerkschaftlich übereinstimmen, aber die internationale Solidarität mache eine Zusammenarbeit mit der wachsenden kapitalistischen Großmacht USA zwingend notwendig.[88]

Bei den innerverbandlichen Wahlen zu den Internationalen Sozialistenkongressen hatte Kloth keine Konkurrenz zu fürchten: Seine Gewerkschaft delegierte ihn zum Internationalen Sozialistenkongress im August 1907 in Stuttgart, im September 1910 zum Kongress in Kopenhagen und im November 1912 zum außerordentlichen Kongress in Basel. In Kopenhagen beteiligte er sich an der Diskussion innerhalb der Sitzungen der deutschen Delegation unter der Leitung von Friedrich Ebert und Carl Legien und nahm im Plenum kritisch zum Thema Arbeitslosenversicherung Stellung.[89] Breit und ausführlich informierte der Vorsitzende seine Kolleginnen und Kollegen im Verbandsorgan. Nur wenige Leser werden bemerkt haben, dass sich 1907 unter die internationalen Töne erste nationale Zungenschläge mischten.[90] Kloth hob besonders das Stuttgarter Statement des französischen Parteiführers Jean Jaurès hervor, der Sozialismus könne nur auf der Basis sozialistischer Nationen errichtet werden. Das Bild der Nation als »Schatzhaus des menschlichen Genies«, vom Franzosen pathetisch und emotional vorgetragen, verfehlte seine Wirkung nicht und gewann bei Kloth rasch eine neue Qualität. Nach Kriegsausbruch richtete er das Bild gegen Andersdenkende in der Arbeiterbewegung, spätestens seit 1919 dann auch gegen alte Kollegen und Genossen.

85 Vgl. Protokoll der 2. Internationalen Konferenz der Buchbinder-Verbände abgehalten am 20. und 21. Juni 1910 in Erfurt, Berlin 1910, S. 29; Buchbinder-Zeitung, Jg. 29 (9. März 1913), Nr. 11.

86 Vgl. E.K.: Konferenz der Internationalen Sekretäre, in: Buchbinder-Zeitung, Jg. 29 (28. September 1913), Nr. 40.

87 Vgl. Der Deutsche Buchbinder-Verband im Jahr 1913, Berlin 1914, S. 134.

88 Vgl. Karl Kautsky: Samuel Gompers, in: Die Neue Zeit. Jg. 27 (1908–1909), Bd. 2 (1909), H. 46, S. 677–685; Emil Kloth: Nochmals Samuel Gompers, in: Buchbinder-Zeitung, Jg. 25 (21. August 1909), Nr. 34.

89 Vgl. Internationaler Sozialisten-Kongreß zu Kopenhagen 28. August bis 3. September 1910, Berlin 1910, S. 12.

90 Vgl. E.K.: Der Internationale Kongreß in Stuttgart, in: Buchbinder-Zeitung, Jg. 23 (31. August 1907), Nr. 35.

Nach außen hin blieb Kloth indes den Idealen des sozialistischen Internationalismus verpflichtet. Gemeinsam gelte es, wachsam gegen imperialistische Kriegshetze zu sein. Mit seiner Stimme verabschiedete der außerordentliche Sozialistenkongreß (auch Friedenskongreß genannt) in Basel im November 1912 ein Manifest gegen den Krieg. Kloths Resümee der Schweizer Tagung: »Die Vertreter des internationalen Proletariats waren sich darin einig, daß der Krieg das Furchtbarste ist, welches über die Völker hereinbrechen kann, daß er ungeheure Kulturwerke vernichtet und einer zivilisierten Menschheit unwürdig ist [...].«[91]

Parallel zu Kloths internationaler Gewerkschaftskarriere verlief seine Integration in die nationale Gewerkschaftsbewegung. Der Aufstieg gelang geräuscharm und folgte den üblichen Wegen eines Gewerkschaftsvorsitzenden, der sich auf den Gewerkschaftstagen seines Verbandes durchsetzen konnte. Bereits 1906 löste der gewählte Vorsitzende den altgedienten Berliner Gewerkschafter Karl Schulze im Ausschuss der freien Gewerkschaften ab.[92] Der Gewerkschaftsausschuss residierte in Berlin am Sitz der Generalkommission; aus Kostengründen entsandten die Einzelgewerkschaften nur Berliner Mitglieder. Als beratende Körperschaft führte der Ausschuss allerdings nur ein Schattendasein.[93] Ab 1903 füllte die sogenannte »Vorständekonferenz« das Vakuum zwischen Generalkommission und den Einzelgewerkschaften als den eigentlichen Trägern gewerkschaftlicher Aktionen. 1914 sanktionierte der Münchener Gewerkschaftstag das real existierende Kontrollgremium und verankerte es auch statuarisch. Von Beginn an bis zu seinem Ausscheiden 1919 gehörte Kloth zu den meinungsfreudigsten Diskutanten. Ein wenig älter als die übrigen Vorsitzenden der Einzelgewerkschaften, verkörperte er dennoch fast idealtypisch den gewerkschaftlichen Aufsteiger: Handwerker, zünftig ausgebildet, auf frühen Wanderungen zum Sozialismus »bekehrt«, in jungen Jahren von Kollegen in verantwortliche Positionen delegiert.

Ab 1899 erhielt Kloth ein Mandat für alle Gewerkschaftskongresse und nahm auch auf fast jedem Gewerkschaftstag das Wort. Nur für den 4. Kongress im Juni 1902 in Stuttgart bekam er keinen Vertrauensbeweis von seinen Kolleginnen und Kollegen. Das gemeinsame Register zu den Protokollen der Verhandlungen der Kongresse der Gewerkschaften Deutschlands verzeichnet über 80 Wortmeldungen. Seine vielfältigen Beiträge auf den Kongressen reichten von der Massenstreikdebatte über die Maifeierbewegung bis hin zum gewerkschaftlichen Pressewesen. Wenige Wochen vor Kriegsausbruch tagte im Juni 1914 der 9. Gewerkschaftskongress in der bayerischen Hauptstadt. Kloths innergewerkschaftliches Prestige schien auf dem Höhepunkt: Delegierte ersuchten ihn, für das höchste Amt in der Generalkommission zu kandidieren. Eine Kampfkandidatur gegen den Buchdrucker Emil Döblin –

91 E.K.: Der Internationale Friedenskongreß zu Basel in: Buchbinder-Zeitung, Jg. 28 (7. Dezember 1912), Nr. 50.

92 Vgl. Der Deutsche Buchbinder-Verband im Jahr 1906. Bericht des Vorstandes, Berlin 1907, S. 122.

93 Vgl. Klaus Schönhoven (Bearb.): Die Gewerkschaften in Weltkrieg und Revolution 1914–1919 (= Quellen zur Geschichte der deutschen Gewerkschaftsbewegung im 20. Jahrhundert, Bd. 1), Köln 1985, S. 45.

gut 15 Jahre vorher von Kloth noch als »Herr Döblin« auf dem Gewerkschaftskongress der Lächerlichkeit preisgegeben – lehnte der Vorgeschlagene ab.[94]

Ähnlich wie in Leipzig engagierte sich der Buchbindervorsitzende an seinem Wohnort in der lokalen Sozialdemokratie. Im März 1909 wurde er in die Stadtverordnetenversammlung der damals noch selbstständigen Kommune Rixdorf gewählt, die der Kaiser 1912 an seinem Geburtstag in »Neukölln« umtaufte.[95] Um überhaupt gewählt werden zu können, gab der kommende Neuköllner Stadtverordnete seine 1891 erworbene sächsische Staatsangehörigkeit auf und stellte im Februar 1908 einen erfolgreichen Antrag, in den preußischen Staatsverband aufgenommen zu werden.[96] Das Neuköllner Stadtparlament war nach dem undemokratischen Dreiklassenwahlrecht zusammengesetzt. Kloth gewann sein Mandat in der sog. »Abteilung III«, in der nur die arme Bevölkerung abstimmen konnte. In diversen Ausschüssen eignete er sich das Verwaltungswissen an, das ihn im Krieg zum gefragten Kooperationspartner des kriegsunterstützenden Netzwerkes machte. So gehörte der frischgebackene Stadtverordnete beispielsweise ab 1909 dem sogenannten »Wahlausschuß« an, der die Neueinstellung städtischer Beamter begutachtete und bei der Gehaltsfeststellung und Pensionierung von besoldeten Gemeindebeamten mitzureden hatte.[97] 1911 übernahm Kloth zusätzlich ein Amt im Gesundheitsausschuss, der in gesundheitspolizeilichen Angelegenheiten gehört werden musste.[98] Ab 1913 wirkte er in der Tiefbaudeputation mit.[99] Allerdings war nicht zu verkennen, dass Kloth – angesichts bedeutender »kommunalpolitischer Schwergewichte« der Sozialdemokratie wie den Vorstandsmitgliedern des Verbandes der Gemeinde- und Staatsarbeiter Emil Wutzky und Carl Polenske – keine meinungsbildende Rolle auf kommunaler Ebene in Neukölln spielte.

94 Vgl. Protokoll der Verhandlungen des neunten Kongresses der Gewerkschaften Deutschlands. Abgehalten zu München vom 22. bis 27. Juni 1914, Berlin 1914, S. 401.

95 Vgl. Verwaltungsbericht der Stadt Rixdorf für die Rechnungsjahre 1908 und 1909, Rixdorf 1910, S. 53.

96 Vgl. Stadtarchiv Leipzig: Acta der Aufnahme und Bürgerrechts-Gesuche des Buchbinders Emil Rudolph Ludwig Kloth, Nr. 54076.

97 Vgl. Verwaltungsbericht der Stadt Rixdorf für die Rechnungsjahre 1908 und 1909, Rixdorf 1910, S.63.

98 Vgl. Verwaltungsbericht der Stadt Neukölln für die Rechnungsjahre 1910 und 1911, Neukölln 1913, S. 74.

99 Vgl. Verwaltungsbericht der Stadt Neukölln für die Rechnungsjahre 1912 und 1913, Neukölln 1920, S. 81.

Literatur und Politik

Kloth begann früh mit der Schriftstellerei. Erste Versuche im Verbandsorgan stammen aus der Zeit des Sozialistengesetzes. Am Anfang eher ungelenk formulierend, verbesserte er seinen Stil und suchte durch dialektische Fragestellungen seinem Stoff Struktur zu geben. Hinzu kamen als besonderes stilistisches Element heftige persönliche Polemiken, für die Kloth berühmt-berüchtigt war. 1905 nahm ihn Karl Kautsky in den illustren Kreis der Autoren der *Neuen Zeit* auf. Im wichtigsten sozialdemokratischen Theorieorgan berichtete der Buchbinderchef über alle Gewerkschaftskongresse, nahm zu tarifpolitischen Grundsatzfragen Stellung und besprach Standardwerke zum Buchbindergewerbe. Zentrales Thema vieler seiner Beiträge war das Verhältnis von Gewerkschaften zur Sozialdemokratie. Im Mai 1905 ergriff er erstmals im renommiertesten Blatt der Sozialdemokratie als bekennender Anhänger des Massenstreiks zur Durchsetzung politischer Forderungen das Wort.[100] Seine weiteren Beiträge markieren die Stadien seiner politischen und gewerkschaftspolitischen Metamorphose. Spätestens seit 1912 trat er nur noch als kompromissbereiter sozialdemokratischer Gewerkschafter auf. Nun stellte er die sozialdemokratische Orthodoxie infrage und begann, sich von den Parteilinken abzusetzen. Weder der verstorbene Wilhelm Liebknecht noch der »lebendige« Rudolf Hilferding taugten – so seine Analyse – als Vorbild. August Bebel geriet in die Kritik, weil er die herausragende Rolle der Gewerkschaften im Emanzipationsprozess nur ungenügend berücksichtigt habe. Generell gelte: »Wird aber aus der kleinen Sekte eine Millionenpartei, so tritt als ehernes Muß die Notwendigkeit an sie heran, ihre Macht durch kluge Ausnutzung der politischen Konstellation in die Waagschale zu werfen, selbst wenn der Weg dazu durch das ›kaudinische Joch‹ der Kompromisse führte, will sie nicht ihren hartgesottenen Gegnern die politische Macht in die Netze treiben.«[101]

In der *Neuen Zeit* verzichtete Kloth auf alles denunziatorische Beiwerk. Sein Stil blieb nüchtern und zeigte einen Mann, der als Autodidakt mühsam und mit viel Fleiß und Anstrengungen »schreiben« gelernt hatte. Seine Beiträge sagen indes viel über seine intellektuelle Prägung aus. Er kannte die deutsche sozialistische Literatur seiner Zeit, für die der Parteiverlag J.H.W. Dietz stand. Die sozialistischen Klassiker waren ihm vertraut. Vor allem aus dem von Franz Mehring herausgegebenen literarischen Nachlass von Karl Marx, Friedrich Engels und Ferdinand Lassalle schöpfte er. Sein späterer rechter Gesinnungsgenosse Emil Unger strich in seiner während des Nationalsozialismus veröffentlichten Autobiografie Kloths rhetorische

100 Vgl. Emil Kloth: Generalstreik und Maifeier auf dem Gewerkschaftskongreß in Köln in: Die Neue Zeit, Jg. 23 (1904–1905), Bd. 2, H. 33, S. 215–220.

101 Emil Kloth: Das, was ist. Auch ein Epilog zum Parteitag in: Die Neue Zeit, Jg. 31 (1912–1913), Bd. 1, H. 4, S. 146f.

und intellektuelle Fähigkeiten heraus und stellte ihn auf eine Stufe mit bedeutenden Gewerkschaftsführern.[102]

Kloth versuchte sich auch an Traktaten, die der Gewinnung weiblicher Mitglieder dienen sollten. Sie erschienen im eigenen Verlag Emil Kloth. Der Kleinverlag bildete faktisch den Gewerkschaftsverlag der Buchbinder.[103] Geradezu rührend suchte die Schrift »Im Spiegel des Lebens. Eine Erzählung für Arbeiterinnen« auf zwei Druckbögen im Oktavformat die Bebelschen Visionen der Frauenemanzipation auf das Buchbinderinnenleben zu beziehen. »Von Zweien, die erst durch Erfahrung klug wurden. Eine alltägliche, aber lehrreiche Geschichte zum Lesen, Aufbewahren und Weitergeben insbesondere für alle Arbeiter u. Arbeiterinnen in Buchbindereien, Kontobuchfabriken, Liniieranstalten sowie in der Portefeuille-, Album-, Etuis-, Kartonagen-, Luxuspapier-, Papier- und Ledergalanteriewaren-Industrie Deutschlands« nahm sich 1907 die katholische Traktatliteratur zum Vorbild. Ein gewerkschaftlich Ungläubiger tritt als gläubiger Katholik aus dem christlichen Buchbinderverband aus und dem Deutschen Buchbinder-Verband bei. Das Glück wird perfekt durch den Gewerkschaftsbeitritt seiner Frau.

Einen guten Namen als Autor machte sich Kloth mit zwei opulenten Bänden zur Geschichte der gewerkschaftlichen Buchbinderbewegung. Die Bücher erschienen 1910 und 1913; sie waren äußerlich aufwendig wie kaum eine andere Gewerkschaftsgeschichte gestaltet. Der Historiker Gerhard Beier zählt das Werk zu den drei »großen« Organisationsgeschichten im grafischen Gewerbe und nutzte die frühe Pionierarbeit intensiv für seine umfassende Darstellung.[104] Helga Zollers Verbandsgeschichte – 1992 herausgegeben von der Industriegewerkschaft Medien aus Anlass ihres 125. Geburtstages – stützt sich für die Frühphase ebenfalls auf die Arbeit des Autodidakten.[105] Bereits zeitgenössische Rezensenten der Arbeiterbewegung äußerten sich wohlwollend.[106]

Die Entstehungsgeschichten gewerkschaftlicher Verbandsdarstellungen gleichen sich wie ein Ei dem anderen: Frühe Ansätze eines Protagonisten, im Verbandsblatt erste Fakten aufzuschreiben; mehrfache vergebliche Versuche, bei heranrückenden Jubiläen einen älteren, angesehenen Funktionär als Autor zu gewinnen; schließlich »Rettung« der Verbandsgeschichte durch den verantwortlichen Gewerkschaftsredakteur oder den Verbandsvorsitzenden. Generell unterschätzten alle Gewerkschaftsverantwortlichen die Aufgabe gewaltig, die vorhandenen Quellen auszuwerten und daraus einen lesbaren Text zu erstellen. Ent-

102 Vgl. Emil Unger-Winkelried: Von Bebel zu Hitler. Vom Zukunftstaat zum Dritten Reich. Aus dem Leben eines sozialdemokratischen Arbeiters, Berlin 1934, S. 66.

103 Die Schriften erschienen anonym. Gewisse identische Textpassagen von gezeichneten Werken sprechen jedoch für eine Autorenschaft (oder zumindest eine Mitautorenschaft) Kloths.

104 Vgl. Gerhard Beier: Schwarze Kunst und Klassenkampf. Bd. 1: Vom Geheimbund zum königlich-preußischen Gewerkverein (1830–1890), Frankfurt am Main 1966, S. 15.

105 Vgl. Helga Zoller: Der Verband der Buchbinder und Papierverarbeiter, in: Aus Gestern und Heute wird Morgen. Ans Werk – der Weg ist noch weit, aber er lohnt sich, Stuttgart 1992, S. 13–51.

106 Vgl Korrespondent für Deutschlands Buchdrucker und Schriftgießer, Jg. 48 (6. August 1910), Nr. 90.

sprechend unbefriedigend fielen oft die Ergebnisse aus.[107] Wie sah es nun beim Buchbinderverband aus? Hier schlüpfte der Hamburger Funktionär Carl Grimm 1894 in die Rolle des Pioniers, der sich in der *Buchbinder-Zeitung* an der Verbandsgeschichte versuchte.[108] Adam Dietrich, Verbandsgründer und langjähriger Vorsitzender, lehnte aus gesundheitlichen Gründen das Angebot ab, zum 25. Geburtstag des Verbandes ein Stück seines eigenen Lebenswerks zu würdigen.

Der Verbandsvorstand entschied, seinem Vorsitzenden die Aufgabe der Verbandsgeschichte zu übertragen, und stellte eine Hilfskraft in Aussicht. Allerdings strich der Verbandsausschuss den zugesagten wissenschaftlichen Hilfsarbeiter.[109] Alte Spannungen mit dem Verbandsvorsitzenden wirkten sichtbar nach. Kloth schaffte es »nebenbei«, bis April 1910 die Vorgeschichte des Verbandes bis 1895 zu präsentieren, wobei er sich als guter Kenner der frühen Technikgeschichte im Buchbindergewerbe, der frühen Zünfte, Gesellenbrüderschaften und Gesellenverbände erwies. Erst 1913 konnte der zweite Band der Verbandsgeschichte erscheinen, die Kloth zum guten Teil mitgeprägt hatte. Diesmal gewährte der Erfurter Verbandstag 1910 seinem Vorsitzenden drei Monate Freistellung zur Fertigstellung des Manuskriptes.[110] Kloth nutzte die gebotene Chance, Geschichtspolitik zu betreiben. Über viele Seiten blitzen seine Fähigkeiten auf, Fakten geschickt auszuwählen, zu präsentieren, zu interpretieren und sich selbst in gutem Licht erscheinen zu lassen. Trotz aller Kritik: Kloth gelang ein großer Wurf. Bereits 1907 hatte er dazu aufgerufen, ein eigenes Gewerkschaftsarchiv aufzubauen, das er glänzend nutzte. Quellen, ein vorzügliches Gedächtnis und interviewte Zeitzeugen bildeten die Grundlagen seiner Arbeit.

Es reizt, in Kenntnis des Lebensweges des späteren Renegaten, sein Werk auf frühe Anzeichen eines versteckten Nationalismus und eines aggressiven Chauvinismus abzuklopfen. Doch es gibt nur wenige Hinweise. Kaum ein anderer gewerkschaftlicher Autor machte sich prinzipiell so stark »für die Gleichheit dessen, was Menschenantlitz trägt«[111], wie der Vorsitzende der gewerkschaftlichen Buchbinderorganisation. Als durchgängig progressiv in seinem Werk erweist sich das ständige Werben für den Zusammenschluss aller Beschäftigten im grafischen Gewerbe.

Nur bei der Beschreibung der rigiden Exportabhängigkeit der Branche und der Kritik an der Zollpolitik des Auslandes ahnt der Leser, dass der Autor auch einen anderen Weg als den beschworenen völkerbefreienden Internationalismus einschlagen könnte. Versteckt finden

107 Vgl. Gerhard Beier: Glanz und Elend der Jubiläumsliteratur. Kritische Bestandsaufnahme bisheriger Historiographie der Berufs- und Industriegewerkschaften, in: Gewerkschaftliche Monatshefte, Jg. 19 (1968), H. 10, S. 607–614.

108 Grimms Abhandlungen ziehen sich als Fortsetzungswerk »Die Entstehung der Buchbinderei und ihre Entwicklung bis zur Neuzeit. Nach authentischen Quellen bearbeitet« durch den Jahrgang 1894.

109 Vgl. Emil Kloth: Geschichte des Deutschen Buchbinderverbandes und seiner Vorläufer, Bd. 1, Berlin 1910, S. VIII.

110 Vgl. Emil Kloth, Emil: Geschichte des deutschen Buchbinderverbandes und seiner Vorläufer, Bd. 2, Berlin 1913, S. IX.

111 Ebd., S. 154.

sich im Text kritische Äußerungen zur Rolle und Funktion der Intellektuellen in der Sozialdemokratie. Allerdings bedeutete diese Kritik für selbstbewusste Gewerkschaftsrepräsentanten, die zur Feder griffen, fast eine rituelle Übung. Kurzum: Kloths Festschrift entsprach der historischen Großdeutung gewerkschaftlicher Autoren seiner Zeit. Seine »Meistererzählung« unterschied sich nur graduell von anderen gewerkschaftlichen »Erzählungen«.

Erst auf der allerletzten Seite des zweiten Bandes weicht der Autor von seiner Klassenanalyse ab. Fast wie in einem Systembruch treten völkische Momente hervor, die man als Vorboten deuten kann: »Volk und Arbeiterschaft im weitesten Sinne des Wortes, das sei nochmal betont, sind zusammenfallende Begriffe. Ein gutgenährtes, gesundes, kulturell hochstehendes Volks aber wird sich eher seine Unabhängigkeit bewahren als ein schwächliches, durch Unterernährung heruntergekommenes. Aus nationalen, volkswirtschaftlichen und ethischen Gründen ist daher die wirtschaftliche, intellektuelle und moralische Hebung der Arbeiterklasse eines der höchsten Kulturprobleme, an dessen Verwirklichung sich jedermann beteiligen sollte, der es gut mit seinem Volk und der Menschheit meint.«[112]

112 Ebd., S. 421.

Auf dem Weg in die Urkatastrophe

1914 – kurz vor Ausbruch des Weltkriegs – stand der Buchbinderverband besser da als je zuvor. Er besaß knapp 35.000 Mitglieder, wobei die weiblichen drauf und dran waren, ihre männlichen Kollegen zahlenmäßig zu überflügeln. In harten Auseinandersetzungen auf »Nebenkriegsschauplätzen« in der Etui- und Kartonageindustrie feierte der Verband ansehnliche tarifliche Erfolge. In Arbeitskämpfen wie in Rathenow, Eisenberg oder Lahr spielten Frauen eine dominierende Rolle. In den Nebengewerben, mit schwach ausgeprägten Unternehmerverbänden, konnte der Buchbinderverband punkten.[113] Ohne Frage: Die Zukunft des Verbandes war weiblich. Optimistisch sprach Kloth von 75.000 Mitgliedern, die es zeitnah zu organisieren gelte. Der Verband gewann Frauen, obgleich das Prinzip »Gleicher Lohn für gleiche Arbeit« bei Weitem noch nicht erreicht war. Wie ein Krebsgeschwür wirkten vorausgegangene tarifliche Abmachungen in Leipzig nach. In den frühen 1890er-Jahren hatten die Leipziger Buchbinder Vereinbarungen zugestimmt, wonach die Unternehmerseite Frauen mit Abschlägen für gelernte Arbeit entlohnen konnte. Dieses Rad war nur sehr schwer zurückzudrehen.[114] Dennoch erschien die gewerkschaftliche Zukunft im besten Licht.

Im weltpolitisch spannungsreichen Frühjahr 1914 besuchte Kloth den italienischen Verbandstag. Mit sehr kritischen Worten malte er nach seiner Rückkehr ein Bild von der Brudergewerkschaft, die sich nicht entschließen konnte, den Weg der deutschen Gewerkschaft zu gehen und straffe Organisationsformen verwarf.[115] Im August 1914 stand der Internationale Buchbinder-Sekretär scheinbar vor seinem größten Erfolg: Der Birminghamer Gewerkschaftstag der »National Union of Bookbinders and Machine Rulers« hatte den Anschluss an das Internationale Berufssekretariat auf seine Tagesordnung gesetzt. Nie hatte eine größere Delegation des Deutschen Buchbinder-Verbandes ausländischen Boden betreten. Mit Kloth reisten sein ehemaliger innerverbandlicher Rivale Eugen Brückner und ein Übersetzer in das industrielle Zentrum der West Midlands. Kloth hatte sich intensiv um den Anschluss der englischen Einzelgewerkschaft bemüht, die in Europa hinter der deutschen Organisation auf Platz 2 stand. Und in der Tat: Auf der Konferenz vom 3. bis 4. August trat der Verband – trotz des Kriegsausbruchs – der Internationale bei. Kloth und seine Kollegen verließen die Insel am Tag der englischen Kriegserklärung an Deutschland. Die Delegation nahm – wie Kloth es wenige Tage später pathetisch ausdrückte – »Abschied vom Verbandstag mit dem beiderseitigen aufrichtigem Bedauern, daß der Krieg bis in den Verbandssaal seine dunkle Schatten

113 Die Kämpfe sind in den Jahresberichten des Buchbinderverbandes minutiös unter »Angriffsstreiks« aufgelistet.

114 Vgl. Tarifliche Abgrenzung der Männer- und Frauenarbeit in: Der Deutsche Buchbinder-Verband im Jahr 1909, Berlin 1910, S. 84ff.

115 Vgl. Buchbinder-Zeitung, Jg. 30 (31. Mai 1914), Nr. 22.

werfe und mit der gleichfalls von beiden Seiten ausgesprochenen Versicherung, daß man nach dem Krieg versuchen werde, sich aufs neue gegenseitig die Hand zu geben«[116].

Durch den Englandaufenthalt war Kloth an den unmittelbaren Entscheidungen der Gewerkschaftsspitze nach Kriegsausbruch nicht beteiligt. Außenpolitische Themen blieben in der Gewerkschaftspresse prinzipiell tabu. Dies war der »Arbeitsteilung« von Sozialdemokratie und freien Gewerkschaften geschuldet. In der *Buchbinder-Zeitung* deutete kein einziges Wort auf einen möglichen kriegerischen Konflikt hin. Dennoch hatte auch die Berufsgewerkschaft der Papierverarbeiter vorgesorgt. Wie andere Gewerkschaftsvorsitzende rechnete der Buchbinderchef mit sofortigen Repressionen nach einem möglichen Kriegsausbruch. Das mittlerweile wieder angesammelte Verbandsvermögen hatte Eugen Haueisen als Verbandskassierer mündelsicher in kommunalen Anleihen angelegt. Gewerkschaftsmitglieder versteckten die Zertifikate, um sie vor Beschlagnahmung zu schützen.[117] Zu solchen – eher naiven Vorsichtsmaßnahmen – bestand allerdings wenig Grund. Am 2. August 1914 entschied die Generalkommission, den Krieg des Deutschen Reiches gegen Russland und Frankreich (und später England) als Verteidigungskrieg zu unterstützen und erhöhte damit die Pression auf die sozialdemokratische Reichstagsfraktion: Am 4. August stimmte die SPD-Fraktion nach heftiger interfraktioneller Diskussion der Kriegskreditbewilligung einstimmig zu. Die Gründe für diesen Schritt sind oft genug nachgezeichnet worden. Die Gewerkschaften unterstützten den Krieg quasi als eine Vorleistung für die nach Kriegsende erwartete überfällige soziale Ausgestaltung und Demokratisierung des Reiches. Durch den Verzicht auf jegliche Lohnkämpfe hofften sie zusätzlich, »die Organisation über die Kriegszeit retten zu können«[118].

Alle internationalen Versöhnungsworte schienen wie weggewischt. Kloth gehörte zu den Gewerkschaftern und Sozialdemokraten, die regelrecht auf der nationalistischen Welle ritten, die das Reich überschwemmte und die Burgfriedenspolitik und die »Politik des 4. August« rückhaltlos verteidigte. Neuere Untersuchungen haben das Bild eines nationalen Taumels aller sozialen Schichten des deutschen Volkes stark relativiert.[119] Auch in Arbeitervierteln gab es nationalistische Exzesse und kriegsbegeisterte Manifestationen, die allerdings alsbald abebbten. Langfristig – dafür sprechen viele Quellen – war es die mittlere gewerkschaftliche Funktionärsschicht, die sich über die gesamte Kriegszeit mit den Kriegszielen der deutschen Reichsleitung identifizierte.[120] Der Krieg habe alle Phrasen hinweggefegt; es gelte, wieder

116 E.K.: Internationales, in: Buchbinder-Zeitung, Jg. 30 (16. August 1914), Nr. 33.

117 Vgl. Der Deutsche Buchbinder-Verband im Jahr 1914, Berlin 1915, S. 6.

118 Michael Schneider: Kleine Geschichte der Gewerkschaften. Ihre Entwicklung in Deutschland von den Anfängen bis heute, Bonn 1989, S. 118.

119 Vgl. Jeffrey Verhey: Der Geist von 1914 und die Erfindung der Volksgemeinschaft, Hamburg 2000; Michael Stöcken: Augusterlebnis 1914 in Darmstadt. Legende und Wirklichkeit, Darmstadt 1994; Wolfgang Kruse: Krieg und nationale Integration. Eine Neuinterpretation des sozialdemokratischen Burgfriedensschlusses 1914/1915, Essen 1993.

120 Vgl. Friedhelm Boll: Frieden ohne Revolution. Friedensstrategien der deutschen Sozialdemokratie vom Erfurter Programm 1891 bis zur Revolution 1918, Bonn 1980, S. 114.

handfest nationale Interessen der deutschen Arbeiter zu vertreten. Wer verliere bei einer Kriegsniederlage Deutschlands? Kloth gab die Antwort: der deutsche Arbeiter. Als Sozialdemokrat erhielt der Gewerkschaftsvorsitzende im November 1914 zusätzlich Rückenwind: Bei den Nachwahlen zur Neuköllner Stadtverordnetenversammlung schaffte er erneut den Einzug ins Stadtparlament.[121]

Kloths Entwicklungsprozess war kein Einzelfall. Die gesamte Führungsspitze der freien deutschen Gewerkschaftsbewegung unterstützte zunächst die deutsche Reichsleitung. Als gemeinsamer Feind galt der barbarische russische Zarismus, der als Angreifer Volk und Arbeiterklasse bedrohte. Die Errungenschaften der deutschen Gewerkschaftsbewegung, dem Klassenstaat abgetrotzt, gelte es zu verteidigen. Selbst die radikale Parteilinke in der SPD wollte keine Niederlage des Reiches. Über den scheinbaren Standortwechsel haben deutsche Gewerkschafter nur wenige autobiografische Texte hinterlassen. Kloth streute als späterer Nationalist und Rechtsradikaler vielerlei Zeugnisse, mit denen er sein Verhalten zu rechtfertigen suchte. Überspitzt lauteten alle seine Motivrationalisierungen: Als Internationalist sei er bereits früh zum Nationalisten mutiert. Er begründete dies mit seinen Erfahrungen auf den großen Sozialisten- und Gewerkschaftskongressen. In Stuttgart, Kopenhagen, Basel und Brüssel sei ihm klar geworden, dass sich hinter den menschheitsfreundlichen internationalen Resolutionen handfeste nationale Interessen der Arbeitervertreter der jeweiligen Länder verborgen hätten. Nur die Deutschen – so seine verkürzte Darstellung – »glaubten« an die Wirkung dieser Resolutionen. Mit anderen Gewerkschaftsvertretern habe er sich hinter vorgehaltener Hand über die internationalen Phrasen amüsiert, sich allerdings stets aus Solidarität mit der Sozialdemokratie gebeugt. Kurzum [...] »gewann ich mehr und mehr die Überzeugung, daß alle internationale Solidarität der Arbeiterklasse doch andrerseits die Tatsache nicht verdunkeln kann, daß das Schicksal der Arbeiterschaft an das des Vaterlandes bis zu einem hohen Grade gebunden und dies auch von den Arbeitern der verschiedenen Länder entweder bewußt erkannt oder instinktiv gefühlt wird, allen anderslautenden Theorien zum Trotz«[122].

Kloths hinterlassene autobiografische Splitter sind in vielerlei Hinsicht interessant. Sie zeigen, wie tief familiäre Integrationsprozesse, nationale Erziehung, ein repressives Schulsystem und permanente soziale Diskriminierung autoritäre Werte vermittelten. Seine primäre Sozialisation schlug bei Kriegsausbruch durch. Hinzu kam, dass auch Kloth lange der »doppelten Loyalität«[123] der heimischen Arbeiterbewegung und der internationalen Bewegung innerlich verpflichtet war. Unabhängig von der deutschen Entwicklung schwenkten zeitgleich die Arbeiter- und Gewerkschaftsbewegungen der Kriegsgegner auf die nationale Burgfriedenspolitik ein.

121 Vgl. Kriegsverwaltungsbericht der Stadt Neukölln für das Geschäftsjahr 1914 bis 1918, Neukölln 1921, S. 111.

122 Emil Kloth: Einkehr. Betrachtungen eines sozialdemokratischen Gewerkschafters über die Politik der deutschen Sozialdemokratie, München 1920, S. 149; Vgl. auch Emil Kloth: Was stand hinter der Internationale, in: Sozialistische Monatshefte, Jg. 22 (1916), H. 3, S. 141–147.

123 Helga Grebing: Geschichte der deutschen Arbeiterbewegung. Ein Überblick, München 1980, S. 140.

Die Kernschmelze des proletarischen Internationalismus, der Zusammenbruch bisheriger Illusionen, löste bei ehemaligen Linken geradezu eine nationale Katharsis aus. Starke »positive Sinnstiftungen«[124] für den gerechten Verteidigungskrieg verdrängten das Ideal eines aufklärerischen Internationalismus. Es zählte nur noch die Loyalität zur nationalen Arbeiterbewegung.[125] Bei Kloth wandelte sich der tiefe Enttäuschungsprozess in ungezügelte Aggressionen gegen ehemalige Gewerkschaftskollegen. So wie er früher in überbordender Emotionalität innerverbandliche Gegner »vernichtet« hatte, »vernichtete« er nun publizistisch englische, französische und später italienische Kollegen. Selbst vor den neutralen Schweizern machte sein Hass nicht halt.[126]

Hauptargument für Kloth und seine Gewerkschaftskollegen für die rückhaltlose Unterstützung der kaiserlichen Kriegsführung und das Engagement für einen Siegfrieden: Die deutsche Arbeiterschaft sei mit ihrem Wohl und Wehe der deutschen Industrie über tausend Fäden verbunden. Nur eine exportorientierte deutsche Wirtschaft, die die langjährige »Einkreisung« der Kriegsgegner durchbreche, garantiere die Sicherheit der Arbeitsplätze und die Wohlfahrt der Arbeiter. Hans-Joachim Bieber hat bereits früh auf die bislang »von der historischen Forschung weithin übersehene Komponente in der Tradition der deutschen Arbeiterbewegung« deutlich hingewiesen, »nämlich ihr großes Interesse an ökonomischem Wachstum und industrieller Expansion«.[127]

Schon 1913 formulierte der stellvertretende Vorsitzende der Generalkommission und spätere Reichskanzler Gustav Bauer vorsichtig, was diese Interessenidentität im Kriegsfalle für den deutschen Arbeiter bedeute: »Kampf geschlossener Wirtschaftsgebiete gegeneinander«. Jeder Proletarier wisse, »daß mit dem Siege der Kapitalisten seines Landes dessen Industrie emporblühen würde, daß es ihm damit auch relativ besser gehe, daß er mehr Lohn erringen könne, daß die Arbeitslosigkeit sinken werde«.[128] Aus den für Sozialdemokraten 1913 noch ungeheuren Sätzen sprachen ohne Zweifel die Erfahrungen des ökonomischen Booms aufgrund der französischen Reparationszahlungen nach dem gewonnenen Krieg 1870/71. Der wirtschaftliche Aufschwung hatte die deutschen Gewerkschaften erst auf die Beine gebracht. Bauers 1913 noch verpönte Analyse avancierte nach Kriegsausbruch rasch zur offiziellen Ideologie der deutschen freien Gewerkschaften. Zunächst eher defensiv inter-

124 Wolfgang Kruse: »Welche Wendung durch des Weltkrieges Schickung«. Die SPD und der Beginn des Ersten Weltkrieges, in: August 1914: Ein Volk zieht in den Krieg, Berlin 1989, S. 118.

125 Vor allem der Luxemburg-Schüler Paul Lensch begründete seine radikale politische Neuorientierung sehr glaubhaft mit dem Zusammenbruch der Internationale. Vgl. Robert Sigel: Die Lensch-Cunow-Haenisch-Gruppe. Eine Studie zum rechten Flügel der SPD im Ersten Weltkrieg, Berlin 1976, S. 25.

126 Emil Kloth: Internationales, in: Buchbinder-Zeitung, Jg. 31 (6. Juni 1915), Nr. 23.

127 Hans-Joachim Bieber: Gewerkschaften in Krieg und Revolution. Arbeiterbewegung, Industrie, Staat und Militär in Deutschland 1914–1920, Bd. 1, Hamburg 1981, S. 18.

128 Dieter Groh: Negative Integration und revolutionärer Attentismus. Die deutsche Sozialdemokratie am Vorabend des Ersten Weltkrieges, Frankfurt am Main 1973, S. 604; vgl. auch Karlludwig Rintelen: Ein undemokratischer Demokrat: Gustav Bauer. Gewerkschaftsführer – Freund Friedrich Eberts – Reichskanzler. Eine politische Biographie, Frankfurt am Main 1993, S. 80.

pretiert, gewannen sozialimperialistische Argumentationsmuster bei den Gewerkschaftsführern der Einzelgewerkschaften die Oberhand.[129]

Welche Gründe kann man außerdem für den radikalen Schwenk Kloths hin zum Nationalismus ins Feld führen? Vieles deutet darauf hin, dass langjährig empfundene Ohnmachtsgefühle gegenüber dem industriellen Klassengegner die Wandlung begünstigten. Bei Licht betrachtet hatte selbst Kloth in seiner linken Leipziger Phase keine konkreten Utopien entwickelt, wie der Sozialismus nach gewonnener Schlacht gestaltet werden könne, wie eine Vergesellschaftung im Gewerbe auszusehen habe. Aus Kloths Feder stammt weder ein Entwurf für eine genossenschaftliche Utopie noch ein Modell der Arbeitermitbestimmung im Zukunftsstaat. Kloths radikale Rolle beschränkte sich auf die eines radikalen Tarifpolitikers. Spätestens nach der gewaltigen gewerkschaftlichen Niederlage 1906 hatte er als »Systemveränderer« kapituliert; erste Spuren von Anerkennung für die mächtige Kapitalseite machten sich bemerkbar. Kloth nach dem Krieg: »Ich bin ein Umlerner! Das gestehe ich freimütig ein. Aber nicht erst seit gestern und heute, sondern schon lange vor dem jetzigen Kriege. Seit dem Jahre 1906 habe ich umgelernt. Die damalige Aussperrung der Buchbinder in Berlin anläßlich der Maifeier [...] gaben den ersten Anstoß dazu.«[130] Endlich schien es nach Kriegsbeginn möglich, Emanzipationsvorstellungen gemeinsam mit dem überlegenen Klassengegner zu verwirklichen. Empfundene Unterlegenheit wandelte sich zum überlegenen Allmachtsgefühl.

Hinzu kam, dass die scheinbare Anerkennung der Sozialdemokratie und der Gewerkschaften, ohne deren Anhänger der Krieg nicht zu gewinnen war, bei Persönlichkeiten, deren markantes Bedürfnis nach sozialer Anerkennung und Selbstaufwertung so stark ausgeprägt war wie bei Kloth, ein regelrechtes Beben auslöste.[131] Nach der zu lange verweigerten sozialen Anerkennung unterwarf er sich regelrecht der Kapitalseite, erkannte ihre Überlegenheit an. Gleich nach Kriegsende formulierte Kloth das Unterlegenheitsgefühl frank und frei: »Kein Vertuschen mehr. Habt den Mut zur Selbsterkenntnis: das Proletariat hat sich noch nicht als reif erwiesen, alleine eine neue Staats- und Wirtschaftsordnung aufzubauen.«[132]

129 Allerdings verfielen nicht alle Gewerkschaften in einen ungezügelten Nationalismus. Thomas von der Vring analysierte bereits 1964 die kühle Herangehensweise der gewerkschaftlich organisierten Buchdrucker. Nach einer kurzen nationalistischen Anfangsphase, für die der Redakteur Willi Krahl stand, lehnte der Verband jedwede Kriegsunterstützung ab, die er als Aufgabe des Staates interpretierte. »Trotz allem Patriotismus überwog in den materiellen Fragen bei den Buchdruckern auch jetzt das traditionelle Kalkulieren.« (Siehe Thomas von der Vring: Der Verband der Deutschen Buchdrucker im Ersten Weltkrieg, in der Revolution und in der Inflationszeit (1914–1924). Die Geschichte einer Gewerkschaft während zehn Krisenjahren, Diss., Frankfurt 1965, S. 118).

130 Emil Kloth: Einkehr. Betrachtungen eines sozialdemokratischen Gewerkschafters über die Politik der deutschen Sozialdemokratie, München 1920, S. 149.

131 Wilhelm Ribhegge hat identische Positionen in einer »historischen Persönlichkeitsanalyse« bei August Winnig herausgearbeitet. Winnig, 2. Vorsitzender des gewerkschaftlichen Bauarbeiterverbandes und deutlich prominenter als Krahl, durchlief nahezu die gleiche Entwicklung vom beinharten gewerkschaftlichen Streikführer hin zum Unterstützer des Nationalsozialismus. Siehe Wilhelm Ribhegge: August Winnig. Eine historische Persönlichkeitsanalyse, Bonn 1973, S. 21.

132 Emil Kloth: Einkehr. Betrachtungen eines sozialdemokratischen Gewerkschafters über die Politik der deutschen Sozialdemokratie, München 1920, S. 149.

Kriegspropagandist

Kloths *Buchbinder-Zeitung* enthielt sich bei Kriegsausbruch zunächst aller chauvinistischer Äußerungen, nahm den Krieg als gegeben hin, ohne ihn zu verherrlichen. Unterstützungsfragen für die Familien der Einberufenen, Beitragshöhe der Nichteinberufenen und Fragen der Arbeitslosenunterstützung standen im Mittelpunkt. Vor allem die rasant ansteigende Arbeitslosigkeit im Gewerbe beschäftigte den Redakteur. Die gemäßigte Haltung hatte viel mit Karl Michaelis zu tun, der 1906 den Redakteur Georg Schmidt abgelöst hatte. Am 27. April 1915 erhielt Michaelis seinen Gestellungsbefehl und wurde zum Kriegsdienst eingezogen.[133] Kloth, der als Verbandsvorsitzender bis dahin bei Abwesenheit Michaelis' als stellvertretender Redakteur fungierte, übernahm die Schriftleitung und machte das bislang eher gemäßigt redigierte Gewerkschaftsblatt förmlich zu einem kriegspolitischen Sprachrohr der Obersten Heeresleitung. Kloths Stoßrichtung ging zunächst gegen das zaristische Russland. Dies entsprach der offiziellen gewerkschaftlich-sozialdemokratischen Kriegsperspektive. Deutschland habe sich des Angriffs eines barbarischen Systems zu erwehren. Die traditionelle Russlandfeindschaft hatte in der Sozialdemokratie tiefe Wurzeln geschlagen. Bis zu seinem Tode 1913 machte August Bebel keinen Hehl daraus, dass im Falle eines russischen Angriffs die Sozialdemokratie das Vaterland verteidigen werde. Mit dem Trick, das russische Reich als Aggressor zu denunzieren, brachte Reichskanzler Bethmann-Hollweg die Sozialdemokratie auf seine Seite und sicherte ihre Zustimmung zu den Kriegskrediten im Reichstag. Kloth folgte dieser Richtung ohne Wenn und Aber. Sein steter Mahnruf: Alle Deutsche müssen zusammenstehen, »um nicht der russischen Knutenherrschaft ausgeliefert zu werden«[134].

Eine weitere publizistische Plattform bot sich dem Buchbindervorsitzenden, als ihn im Herbst 1914 der langjährige Herausgeber der *Sozialistischen Monatshefte*, Joseph Bloch, zur Mitarbeit an seinem Blatt einlud. Angeblich war Kloth dem jüdischen Intellektuellen aufgefallen, als er einen linken Vertreter der Sozialdemokratie auf einer Funktionärskonferenz in die Schranken wies und eine »unzweideutige deutsche Politik«[135] eingefordert hatte. Bloch und Kloth teilten in den kommenden Jahren ihre Leidenschaft für eine aktive deutsche Kolonialpolitik. Kloths erster Beitrag »Weltwirtschaft, Krieg und Gewerkschaften« bündelte bereits alle strategischen Argumente, für die Kloth bis 1918 stand.[136]

133 Vgl. Buchbinder-Zeitung, 31. Jg. (2. Mai 1915), Nr. 18.

134 E.K.: Internationales in: Buchbinder-Zeitung, Jg. 30 (16. August 1914), Nr. 33.

135 Vgl. Emil Kloth: Einkehr. Betrachtungen eines sozialdemokratischen Gewerkschafters über die Politik der deutschen Sozialdemokratie, München 1920, S. 116.

136 Vgl. Emil Kloth: Weltwirtschaft, Krieg und Gewerkschaften in: Sozialistische Monatshefte, Jg. 21 (1915), H. 1, S. 27–33. Mit Beginn der Mitarbeit am Blatt der deutschen Revisionisten beendete Kloth auch seine Autorschaft für die *Neue Zeit*.

Hinzu kam, dass sich zu Beginn des Jahres 1915 innerhalb der deutschen Sozialdemokratie eine Gruppierung am rechten Rand formierte, die das Gesamtspektrum der Partei nach rechts verschob. Markenzeichen dieser Lensch-Cunow-Haenisch-Gruppe war es, den Krieg, die Bewilligung der Kriegskredite und den »Sieg der deutschen Waffen« als letzte Konsequenz Marxschen Denkens zu deuten. Finanziert vom ehemaligen russischen Revolutionär Alexander Parvus (Helphand) gab die Gruppe die Halbmonatsschrift *Die Glocke* heraus, an der alle intellektuellen Repräsentanten eines neu entdeckten »Kriegssozialismus« mitarbeiteten. Neben dem 2. Bauarbeitervorsitzenden August Winnig, dem gewerkschaftlichen Aushängeschild eines neuen nationalen Sozialismus, gehörte Kloth als Mitarbeiter zu den renommiertesten Gewerkschaftern, die dem Blatt eine gewisse proletarische Nähe sicherten. Anfang 1916 debütierte Kloth mit seinem Artikel »Die Neutralität der Gewerkschaften und die Sozialdemokratie«, in dem er vehement den Ausschluss des linken Parteiflügels forderte.[137]

Teile der Anhänger der Lensch-Cunow-Haenisch-Gruppe sammelten sich in einer regelmäßig tagenden Fraktionsgruppe; nach einer gleichnamigen Gaststätte »Heidelberger« genannt. Prominente Sozialdemokraten und Gewerkschafter bildeten ein ideologisches Gegengewicht zum Kreis der sozialdemokratischen Parteilinken um Hugo Haase. An der Sitzung nahmen – nach Kloths Angaben – regelmäßig der spätere Kanzler Gustav Bauer, die sozialdemokratischen Reichstagsabgeordneten Eduard David, Paul Lensch, Max Cohen-Reuß, Albert Südekum, Georg Schöpflin, Hermann Silberschmidt, der Redakteur des *Correspondenzblatts der Generalkommision der Gewerkschaften* Wilhelm Jansson, der Redakteur der *Internationalen Korrepondenz* Albert Baumeister, der spätere ADGB-Vorsitzende Theodor Leipart, der Reichstagsabgeordnete und Vorsitzende der Landarbeitergewerkschaft Georg Schmidt, Hugo Poetzsch vom Parteivorstand der SPD und Paul Müller, der ehemalige Vorsitzende der Seemannsgewerkschaft, teil. Glaubt man Emil Kloth, so wurde in dem lockeren Netzwerk viel über Annexionen nach einem gewonnenen deutschen Krieg diskutiert.[138] Offensiv hatte sich bereits der ehedem linke, radikale Chef der Seemannsgewerkschaft (nun Sektionsleiter innerhalb des Deutschen Transportarbeiterverbandes) Paul Müller hervorgetan, der nach der Besetzung des neutralen Belgiens ohne Skrupel die Annexion Antwerpens forderte. (»Schon heute weht die deutsche Fahne über Antwerpen, hoffentlich für immer.«)[139]

Kloth publizierte erstmals 1915 in der Chemnitzer *Volksstimme* Ideen, die bislang eher im Alldeutschen Verband kursierten. Der Artikel war offensichtlich vom Autor als eine Art Versuchsballon gedacht: »So sehr die deutsche Sozialdemokratie von Anfang des Weltkrieges an gegen einen Eroberungskrieg sich ausgesprochen hat, so wird doch wohl kein vernünf-

137 Vgl. Emil Kloth: Die Neutralität der Gewerkschaften und die Sozialdemokratie, in. Die Glocke, 2. Jg. (1916), H. 20, S. 786–790.

138 Vgl. Emil Kloth: Einkehr. Betrachtungen eines sozialdemokratischen Gewerkschafters über die Politik der deutschen Sozialdemokratie, München 1920, S. 72.

139 Rüdiger Zimmermann: Paul Müller, in: Biographisches Lexikon der ÖTV und ihrer Vorläuferorganisationen, unter: http://library.fes.de/fulltext/bibliothek/tit00205/00205h20.htm#LOCE9E127, letzter Aufruf am 12.8.2014.

tiger Mensch sich dem Glauben hingeben, daß dieses gewaltige Ringen ohnegleichen in der Weltgeschichte einfach damit seinen Abschluß findet, daß alles beim alten bleibt.« »Rücksicht und Duldsamkeit« gegenüber den »Phantasielügen« und »Entrüstungsdelirien« ausländischer Parteigenossen seien sofort aus dem eigenen Denken zu verbannen.[140] Der eher im Innenteil der *Volksstimme* versteckte Artikel schlug im bürgerlichen Lager hohe Wellen.[141] Erstmals sprach ein bekannter sozialdemokratischer Gewerkschafter in einem sozialdemokratischen Blatt offen über weitgehende Kriegsziele. Versteckte annexionistische Forderungen waren bislang eher die Domäne der halboffiziösen Sozialistischen *Monatshefte* gewesen, die als Privatunternehmen keiner Kontrolle durch eine offizielle »Presskommission« unterlag.

Kloth unterstützte künftig umfängliche koloniale Erwerbungen in Afrika und forderte die Ausdehnung deutscher Interessen auf Vorderasien.[142] Die Historikerin Susanne Miller, die Emil Kloth in Berlin noch als Nazi kennengelernt hatte, strich am Beispiel des Buchbindervorsitzenden den Charakter solch sozialimperialistischer Gedanken heraus: »Obwohl solch verstiegene Visionen niemals auch nur andeutungsweise in der Kriegszielprogrammatik der Partei ihren Niederschlag fanden, so läßt sich doch nicht übersehen, daß sie nur Auswüchse einer im Laufe der Jahrzehnte in Ansätzen entstandenen, im Kriege dann voll ausgebildeten Grundstruktur im Denken der Parteimehrheit waren: der Überzeugung, daß das Wohl der Arbeiterklasse auf engste mit Deutschlands Fähigkeit, sich wirtschaftlich gegenüber seinen Konkurrenten zu behaupten zusammenhänge.«[143] Programmatisch formulierten 16 bekannte deutsche Gewerkschafter 1915 in einem »Gewerkschaftlichen Kriegsbuch«, was sie von einem Kriegsende erwarteten. Nach einem Jahr Kriegsführung hatten sich die Pole deutlich verschoben. Den Gewerkschaftsführern ging es durchgängig nicht mehr um einen Abwehrkampf gegen das unzivilisierte Zarenregime, »sondern infolge der Beteiligung Englands auch und vor allem um die Abwehr eines Angriffs auf die Weltmarktposition der deutschen Industrie«[144]. Es gehe – so die meisten Gewerkschaftsführer – um lebenswichtige Interessen der deutschen Arbeiterschaft. Kloth leitete aus der starken Exportabhängigkeit »seiner« Luxuspapierarbeiter und -arbeiterinnen unmittelbar die Notwendigkeit eines Sieges der deutschen Waffen ab: »Ein Sieg Englands würde nach dessen eigenem Eingeständnis die Ausfuhrmöglichkeiten der deutschen Industrie auf das menschenmöglichste beschränken

140 Emil Kloth: Vom Kriegsziel, in: Volksstimme. Organ für das arbeitende Volk des 10., 15., 16., 17. u. 19. Sächsischen Reichstagswahlkreises, Jg. 25 (8. Juni 1915), Nr. 129.

141 Vgl. Bundesarchiv Berlin R/8034/III, Nr. 241 Presseausschnittssammlung Reichslandbund (Emil Kloth).

142 Vgl. Emil Kloth:Volksgemeinschaft und Volkswirtschaft, in: Sozialistische Monatshefte, Jg. 22 (1916), H. 8, S. 433–437.

143 Susanne Miller: Burgfrieden und Klassenkampf. Die deutsche Sozialdemokratie im Ersten Weltkrieg, Düsseldorf 1974, S. 231.

144 Hans-Joachim Bieber: Gewerkschaften in Krieg und Revolution. Arbeiterbewegung, Industrie, Staat und Militär in Deutschland 1914–1920, Bd. 1 Hamburg 1981, S. 220.

und damit den blühenden Verkehr der graphischen Gewerbe mit England und seinen Kolonien wohl ganz unterbinden.«[145]

Selbst stilistisch übernahm Kloth ab 1915 weitgehend die Argumente der Lensch-Cunow-Haenisch-Gruppe. In der *Buchbinder-Zeitung* räumte er den sozialdemokratischen Rechtsaußen Platz ein. Seinen gewerkschaftlichen Kolleginnen und Kollegen stellte der Interimsredakteur Heinrich Cunows Schrift »Partei-Zusammenbruch?« als neuen Katechismus vor.[146] Lob kam nicht nur für die vom ehemaligen Dozenten an der Parteischule der SPD neu entdeckte sinnstiftende Qualität eines gesunden Nationalismus. Vielmehr waren es die ökonomischen Konsequenzen des Cunowschen Denkens, die Kloth herausstrich: Der deutsche Arbeiter profitiere direkt davon, wenn das Krieg führende Deutsche Reich seine Produktivkraft im imperialistischen Stadium entfalte. Kloth propagierte erstmals seine Hinwendung zur rechtssozialdemokratischen Lensch-Cunow-Haenisch-Gruppe in einer kleinen Artikelserie mit dem bezeichnenden Titel: »Der Zusammenbruch der Illusionen« in der *Buchbinder-Zeitung*. Paul Lenschs kriegsunterstützendes Werk »Die deutsche Sozialdemokratie und der Weltkrieg« empfahl Kloth seinen Arbeiterinnen und Arbeitern als »glückliche Ergänzung zu Cunows Schrift«[147].

Der ehemalige Gefolgsmann Rosa Luxemburgs, Paul Lensch, sorgte für die theoretische Unterfütterung, um die im Felde stehenden Arbeiter anzuspornen. Er definierte ein neues Theoriegebäude, wobei Kriegssozialismus und eine »neue« Imperialismustheorie sein Credo bildeten.[148] Der spätere preußische Kultusminister Konrad Haenisch sekundierte ihm weitgehend.[149] Nicht mehr das zaristische Russland galt der Gruppe als Hauptgegner, sondern England. Noch schlimmer: England habe den Krieg »eigentlich« begonnen, weil es den deutschen Kapitalismus als Bedrohung empfinde. Alle Argumente belegten die »gelernten Marxisten« mit Zitaten der Klassiker. Deutschland als Kernland des Sozialismus besitze die bestgeschulte marxistische Arbeiterbewegung. Wenn das Stammland des wissenschaftlichen Sozialismus im Kriege unterliege, unterliege keine Großmacht, vielmehr unterliege der wissenschaftliche Sozialismus. Robert Sigel hat die Konsequenz dieses Denkens plastisch beschrieben: »Diese Deutung des Krieges ermöglichte es nun ihren Vertretern, sich restlos und vollkommen hinter die Kriegsführung der herrschenden Klasse in Deutschland zu stellen und bei der Wertung der politischen Fragen, bei Problemen der Kriegsziele, der Annexion, des Kolonialismus, der Verschärfung der Kriegsführung und so fort, eine Position einzunehmen, die weit konsequenter, als dies die den Krieg befürwortende Parteimehrheit tat [...] und dies alles

145 Emil Kloth: Graphische Gewerbe, in: Wilhelm Jansson (Hrsg.): Arbeiterinteressen und Kriegsergebnis. Ein gewerkschaftliches Kriegsbuch, Berlin 1915, S. 78.

146 Vgl. Heinrich Cunow: Partei-Zusammenbruch? Ein offenes Wort zum inneren Parteistreit, Berlin 1915.

147 Buchbinder-Zeitung, Jg. 31 (23. Mai 1915), Nr. 21.

148 Vgl. Lensch, Paul: Drei Jahre Weltrevolution, Berlin 1917.

149 Matthias John: Konrad Haenisch (1876–1925) – »und von Stund a ward er ein anderer«, Berlin 2003, S. 54f.

bei Wahrung des Anspruchs, als einzige konsequent für den Sozialismus zu kämpfen.«[150] Verkürzt lautete der Argumentationsstrang: der Weltkrieg als sozialistische Weltrevolution.

Vor allem griff Kloth begierig die Theorie von England als Kriegsverursacher auf: »Der jetzige Krieg ist also sehr wohl als ein lange geplanter und von England gewollter Angriffskrieg gegen Deutschland zu betrachten. Und die sozialdemokratische Reichstagsfraktion hat daher richtig gehandelt, als sie die Kriegskredite bewilligte.«[151] Die Kriegsschuldfrage, die die ausländischen Gewerkschaften und Arbeiterparteien sichtlich bewegte, verdrängten Kloth und seine Mitstreiter, je länger der Krieg dauerte. Die gewerkschaftlichen Kriegsunterstützer argumentierten fast »modern«[152]: Ursache des Krieges seien die politischen und ökonomischen Spannungen zwischen den Großmächten. Der Zeitpunkt der Entfesselung des Krieges sei lediglich ein Zufall gewesen.[153] Kaiserliche Blankoschecks für die Kriegsabsichten des österreichischen Verbündeten, der Bruch der belgischen Neutralität und die Kriegsverbrechen der Obersten Heeresleitung hatten bei solchen Argumentationsmustern keinen Platz mehr.

Eines unterschied Kloths Argumentationslinien allerdings deutlich von denen der kriegsunterstützenden bürgerlichen Gruppierungen. Er argumentierte stets mit den langfristigen Interessen der Arbeiterschaft und den Interessen der legitimen Vertretung der arbeitenden Menschen. Der deutsche Sieg werde auch den deutschen Gewerkschaften zum Durchbruch verhelfen: »Jedenfalls haben die Erfahrungen der Kriegszeit die Erkenntnis der Notwendigkeit und der Allgemeinbedeutung der gewerkschaftlichen Organisation auch in jenen Kreisen gefördert, die ihnen bisher ablehnend oder gar feindlich gegenüberstanden. [...] Und da wir annehmen können, daß nach dem Krieg nicht noch einmal der Versuch gemacht werden wird, die Gewerkschaften in ihrem gemeinnützigen Wirken dadurch zu behindern, daß man sie für politische Vereine erklärt, darf man getrost hoffen, daß ihnen in Zukunft in noch weit höherem Maß als bisher die Aufgabe zufallen wird, bei allen wichtigen Fragen unserer nationalen Wirtschaft als Vertreter der Arbeiterklasse im heutigen Staat zu fungieren.«[154] Selbst extrem nationalistisch gesinnte Gewerkschaftsführer leugneten Klassengegensätze und kommende Klassenkämpfe nach einem gewonnen Krieg nicht. Dennoch ersetzten Begriffe wie Nation, Schicksalsgemeinschaft, Volksgemeinschaft den antagonistischen Klassenbegriff und machten – heute fast naiv anmutenden – Bildern eines künftigen gerechten und ausgleichenden Staates Platz. Oder wie Kloth es ausdrückte: »Trotz des Klassengegensatzes

150 Robert Sigel: Die Lensch-Cunow-Haenisch-Gruppe. Eine Studie zum rechten Flügel der SPD im Ersten Weltkrieg, Berlin 1976, S. 94f. Sigel hat die Politik der Gruppe hervorragend herausgearbeitet.

151 Emil Kloth: Weltwirtschaft, Krieg und Gewerkschaften in: Sozialistische Monatshefte, Jg. 21 (1915), H. 1, S. 30.

152 Vgl. Volker Ullrich: Nun schlittern sie wieder. Mit Clark gegen Fischer: Deutschlands Konservative sehen Kaiser und Reich in der Kriegsschuldfrage endlich rehabilitiert, in: Die Zeit, 16. Januar 2014, Nr. 4, S. 17.

153 Vgl. Hans-Joachim Bieber: Gewerkschaften in Krieg und Revolution. Arbeiterbewegung, Industrie, Staat und Militär in Deutschland 1914–1920, Bd. 1, Hamburg 1981, S. 236.

154 Emil Kloth: Die Gewerkschaften als Vertreter der Arbeiterklasse im heutigen Staat, in: Sozialistische Monatshefte, Jg. 21 (1915), H. 19/20, S. 991f.

zwischen den Unternehmern und den Arbeitern bestehen also starke gemeinsame Interessen beider Klassen. Haben doch beide ökonomische Funktionen im selben nationalen Körper. Beide müssen daher wünschen und dafür sorgen, daß die Produktion des eigenen Landes gedeiht, sich erweitert und intensiviert, beide müssen die Vorbedingungen zum Gedeihen der heimischen Volkswirtschaft sicherstellen, so daß sie von keiner fremden Macht unterbunden oder verkümmert werden kann.«[155]

Kloths Spezialität war es, in der Gewerkschaftspresse den Krieg mit einer großen Zitatensammlung marxistischer Klassiker zu begründen.[156] Danach erschien die sozialdemokratisch-gewerkschaftliche Unterstützung des Krieges nahezu als die Erfüllung des letzten Willens von Marx und Engels.[157] Und in der Tat hatten Marx und Engels die Vorstellung eines revolutionären Befreiungskrieges gegen das zaristische Russland seit der Revolution von 1848/49 begründet. Andere Vordenker des Sozialismus, dazu zählten Ferdinand Lassalle, aber auch Franz Mehring und August Bebel, sahen kommende europäische Kriege regelrecht als Vehikel der revolutionären Entwicklung. Nicht selten wird heute vergessen, dass die Sozialdemokratie nie eine pazifistische Partei war. Über alle Flügel hinweg wurden die Landesverteidigung gerechtfertigt und Kriege nicht ausgeschlossen, auch wenn in der Sozialistischen Internationale pazifistische Unterströmungen stets virulent waren. Kloth kannte alle Texte der Klassiker. Geschickt und akribisch stellte er über Jahre hinweg fast eine Kriegsanthologie der großen sozialistischen Vordenker zusammen. Aus den gesamthistorischen Zusammenhängen herausgelöst, lasen sich die Zitatstellen wie eine stete Begründung für die deutschen Kriegsanstrengungen. Je länger der Krieg dauerte und je deutlicher sich eine mögliche Niederlage des Deutschen Reichs abzeichnete, desto stärker spielte Kloth auf dem »Zitatenklavier«. 1919, als Kloth einen revolutionären Volkskrieg gegen imperialistische Aggressoren einforderte, erreichte die Zitatenklauberei ihren Höhepunkt.[158] Vor allem von Engels Artikel zur allgemeinen Wehrpflicht – so Kloth im Februar 1919 in der bürgerlichen *Täglichen Rundschau* – »könnten unsere Parteiführer lernen, wie man derartige Angelegenheiten von hohem Standpunkt beurteilen muss. In solcher Weise sollten sie, sollte der ›Vorwärts‹ die Arbeiterschaft mit weitschauendem Klassenbewusstsein erfüllen, anstatt sie mit hohlen Schlagworten über die allen Deutschen drohenden Gefahren hinwegzutäuschen.«[159]

155 Emil Kloth: Volksgemeinschaft und Volkswirtschaft, in: Sozialistische Monatshefte, Jg. 22 (1916), H. 8, S. 435.

156 Vgl. Friede auf Erden?, in: Buchbinder-Zeitung, Jg. 31 (26. Dezember 1915), Nr. 52.

157 Auf diesen Strang sozialdemokratischen Denkens hat vor allem Wolfgang Kruse aufmerksam gemacht. Vgl. Wolfgang Kruse: Krieg und nationale Integration. Eine Neuinterpretation des sozialdemokratischen Burgfriedensschlusses 1914/15, Essen 1993, S. 74.

158 Später als bekennender Deutschnationaler gab Kloth unumwunden den apologetischen Charakter seiner »Marx-Orthodoxie« zu. Vgl. Der deutsche Vorwärts, 3. Jg. (21. März 1926), Nr. 10.

159 Emil Kloth: Über die allgemeine Wehrpflicht, in: Tägliche Rundschau, Jg. 29 (25. Februar 1919), Nr. 101.

Gewerkschaftliche Respektabilität – Hass auf sozialdemokratische Opposition

Trotz seiner zugespitzt nationalen Position blieb Kloth in der Vorständekonferenz der Gewerkschaften eine geachtete Persönlichkeit. Die ideologische Spannbreite des Gremiums bot kriegssozialistischen und sozialimperialistischen Anhängern ohne Problem eine Bühne, die der Buchbindervorsitzende nutzte. Als Mitglied der Statistikkommission galt er als anerkannter »Zahlenspezialist«. Natürlich gab es auch Spannungen. Allerdings hatte der zeitweise sehr gereizte Ton zwischen dem Vorsitzenden der Generalkommission Carl Legien und Emil Kloth eher etwas mit dem unterschiedlichen Naturell der beiden Gewerkschafter zu tun. Als Nationalsozialist versuchte Kloth später, Beweise für einen vermeintlichen Landesverrat Legiens zu erbringen. In den Dokumenten der Vorständekonferenz sucht man frühe Hinweise einer prinzipiellen Gegnerschaft jedenfalls vergeblich. Kloth trug bis weit ins Jahr 1918 die Politik der freien Gewerkschaften mit. Die Vorstandsmitglieder der Einzelgewerkschaften betrachteten Kloth ohne Wenn und Aber als einen der Ihren.

Welche typischen Aktivitäten des Buchbinders gilt es herauszustreichen? Mit der Mehrheit der Vorsitzenden lehnte Kloth Unterstützungsaktionen für die Gewerkschaften im besetzten Belgien ab. Er warnte davor, mit einer solchen Solidaritätsaktion falsche Zeichen zu setzen.[160] Einstimmig nahm die Vorständekonferenz hingegen Kloths Antrag an, die Generalkommission zu verpflichten, bei ihren künftigen Eingaben und Schritten für eine bessere Lebensversorgung die Einbeziehung der Gemeinden zu verlangen und ihnen Kontrollrechte bei der Überwachung der Lebensmittelpreise einzuräumen.[161] Dieser Antrag entsprach unmittelbar Kloths Erfahrungen als Neuköllner Stadtverordneter, wo es der sozialdemokratischen Fraktion gelungen war, kontrollierende Funktionen auszuüben.[162]

Anfang 1918 wählte die Vorständekonferenz Kloth in eine kleine illustre Gruppe deutscher Gewerkschafter, die mit dem Nestor der Kathedersozialisten Lujo Brentano einen Gesetzesantrag zur Anerkennung von Tarifverträgen und ihrer Allgemeinverbindlichkeit beriet. Insgesamt fiel Kloth als Unterstützer der generellen Kriegspolitik der freien Gewerkschaften nur wenig auf. Mit seiner Stimme unterstützten die Gewerkschaftsführer moralisch die Entscheidung der SPD-Fraktion zur Bewilligung der Kriegskredite. Das unermessliche Leid einer industriellen Kriegsführung, Verstümmelungen, Tote, Gaskrieg, die Sinnhaftigkeit der gesamten Kriegsführung der Obersten Heeresleitung spielten in den Diskussionen auf oberster Gewerkschaftsebene keine Rolle. So wenig wie die »Modalitäten des Kriegsausbruchs« hinterfragt wurden, so wenig wurden die »Modalitäten der Kriegsführung« von den

160 Vgl. Klaus Schönhoven (Bearb.): Die Gewerkschaften in Weltkrieg und Revolution 1914–1919. (= Quellen zur Geschichte der deutschen Gewerkschaftsbewegung im 20. Jahrhundert, Bd. 1), Köln 1985, S. 162.

161 Ebd., S. 341.

162 Vgl. Emil Kloth: Lieferungsverbände und Bedarfsgemeinden, in: Vorwärts, Jg. 34 (17. Januar 1917), Nr. 16.

Gewerkschaftsführern problematisiert, »sofern sie nur eine deutsche Niederlage abzuwehren versprachen«.[163]

Als Erfolg feierte Kloth gemeinsam mit den übrigen Gewerkschaftsführern das am 2. Dezember 1916 vom Deutschen Reichstag verabschiedete Hilfsdienstgesetz, das ohne Zweifel erhebliche Zugeständnisse des Staates an die organisierte Gewerkschaftsbewegung bedeutete und ihr das Tor zu den bislang weitgehend verschlossenen industriellen Großbetrieben öffnete. 1916 eingeräumte Partizipationsmöglichkeiten für die Gewerkschaften strahlten bis in die Zeit nach dem Zweiten Weltkrieg aus.[164] Auf der anderen Seite brachte das Gesetz weitere Einschränkungen der Freizügigkeit der Arbeit und deren Militarisierung.

Die Vorständekonferenz der Gewerkschaften nutzte Kloth u.a. als große Bühne, um gegen die sozialdemokratische Kriegsopposition vorzugehen. Bereits am 15. September 1914 beschwerte sich Kloth bei seinen Gewerkschaftskollegen, dass das Zentralorgan der Partei weder die Entscheidung der Reichstagfraktion zur Bewilligung der Kriegskredite offensiv verteidigt habe, noch deutschfeindlichen Äußerungen der ausländischen Bruderparteien entgegengetreten sei. Der *Vorwärts* – so Kloth – sei in keiner Weise der ihm »durch die Verhältnisse gestellten Aufgaben gewachsen«. Er wünsche sich, »daß die Stellungnahme des ›Vorwärts‹ in Einklang gebracht wird mit der Stellung der deutschen Sozialdemokratie«.[165]

Zwar nahm Friedrich Ebert, der als Vertrauensmann der Partei der Vorständekonferenz der Gewerkschaften beiwohnte, den *Vorwärts* in Schutz; doch dies geschah eher halbherzig. Kritik am oppositionell redigierten *Vorwärts* blieb über Jahre Kloths großes Thema. Ein von ihm eingesandter Beitrag an den *Vorwärts* im ersten Kriegsjahr, in dem er sich gegen die verderbliche Politik des Zentralorgans wandte, wurde nicht veröffentlicht, eine Beschwerde bei der Presskommission des Verbandes blieb folgenlos. Die damalige Presskommission, der u.a. die Parteilinken Rosa Luxemburg, Arthur Stadthagen und Heinrich Ströbel angehörten, ließ keinen kriegsverherrlichenden Beitrag zu.[166]

Im eigenen Verbandsblatt zog der Buchbindervorsitzende alle Register. Schon früh im Jahr 1916 drohte er der SPD mit einer parteipolitischen Rechtsabspaltung, wenn der Einfluss der Antikriegsopposition nicht zurückgedrängt werde. Von anderen Gewerkschaftsführern hörte man ähnliche Töne.[167] Die Gewerkschaften – so Kloth – »sind nicht in Gedeih und Verderb mit der sozialdemokratischen Partei verbunden«. Im Übrigen seien bürgerliche Blätter

163 Hans-Joachim Bieber: Gewerkschaften in Krieg und Revolution. Arbeiterbewegung, Industrie, Staat und Militär in Deutschland 1914–1920, Bd. 1, Hamburg 1981, S. 222.

164 Vgl. Hans Jürgen Teuteberg: Geschichte der industriellen Mitbestimmung in Deutschland. Ursprung und Entwicklung ihrer Vorläufer im Denken und in der Wirklichkeit des 19. Jahrhunderts. Tübingen 1961; vgl. auch Gerald D. Feldman: Armee, Industrie und Arbeiterschaft in Deutschland 1914 bis 1918, Berlin/Bonn 1994, S. 169f.

165 Klaus Schönhoven (Bearb.): Die Gewerkschaften in Weltkrieg und Revolution 1914–1919 (= Quellen zur Geschichte der deutschen Gewerkschaftsbewegung im 20. Jahrhundert, Bd. 1), Köln 1985, S. 124.

166 Vgl. Emil Kloth: Er – Scheidemann, in: Das freie Wort. Unabhängige nationale Zeitung für Jedermann, 3. Jg. (18. Dezember 1921), Nr. 51.

167 Vgl. Hans-Joachim Bieber: Gewerkschaften in Krieg und Revolution. Arbeiterbewegung, Industrie, Staat und Militär in Deutschland 1914–1920, Bd. 1, Hamburg 1981, S. 507.

wie die *Soziale Praxis* oder *Die Hilfe* dem »Dreigestirn« *Vorwärts, Neue Zeit* und *Gleichheit* bei der Vertretung wirklicher Arbeiterinteressen im Krieg deutlich überlegen.[168] 1916 zeichnete sich erstmals ab, dass Kloth den Kosmos sozialdemokratisch-gewerkschaftlicher Publizistik verlassen könnte, um nach anderen Publikationsmöglichkeiten zu suchen. In der *Sozialen Praxis* stellte der Vorsitzende des Buchbinderverbandes erstmals sein Modell von »Arbeitsgemeinschaften zwischen Arbeitgebern und Arbeitnehmern« vor, das er nach dem Kriege weiterentwickelte.[169] Kloth war geradezu stolz darauf, den *Vorwärts* persönlich für sich abbestellt zu haben. Er könne kein Blatt unterstützen, »welches die Spaltung der Partei fördere«[170]. Die *Gleichheit* – Jahre vorher von ihm hochgerühmt – nahm er für die eigenen Kolleginnen nicht mehr auf Gewerkschaftskosten ab.[171] Mit drohenden Untertönen einer möglichen Parteispaltung tat er genau das, was er der linken Opposition vorwarf: die vielgerühmte Solidarität der Arbeiterbewegung zu unterlaufen. Dies hinderte ihn nicht, mit dem Argument fortlaufenden Disziplinbruchs den Ausschluss der Oppositionellen aus der Partei zu verlangen. Ähnlich rigide forderte er Konsequenzen für gewerkschaftlich abweichendes Verhalten. Vor allem gewerkschaftliche Oppositionsgruppen in Stuttgart, Braunschweig und Leipzig waren ihm ein Dorn im Auge, die eine Rückkehr zu alten Kampfmitteln, Loslösung von bürgerlichen Gruppierungen und eine Abkehr devoten Verhaltens gegenüber den herrschenden Eliten verlangten.[172] Unumwunden stellte der Buchbindervorsitzende fest: Sollte die »Zersetzung« innerhalb der Sozialdemokratie weitergehen, müssten die Gewerkschaften alle Verbindungen zu ihr lösen.[173]

Kloths Ton gegenüber Abweichlern wurde immer rauer. Ohne Namen zu nennen, denunzierte er Parteiintellektuelle, die »den anarchistischen Gewerkschaftszersplitterern aus dem Lokalistenlager fast bis zu ihrem völligen Verschwinden die Stange gehalten haben«[174]. Ab 1917 führte er den Fraktionskampf fast nur noch persönlich. Ehemalige Freunde, nun Andersdenkende, wurden abgewertet, beleidigt und geradezu mit Unflat überschüttet. »Irrlichtern aus dem bürgerlichen, anarchistischen und anarchosyndikalistischen Lager« gelte es, »die Tür zu weisen«.[175] Mit der Neukonstituierung der kriegsoppositionellen Unabhängigen Sozialdemokratischen Partei Deutschlands (USPD) im Frühjahr 1917 erwuchs Kloth ein neuer Feind, an dem er sich regelrecht abarbeitete und den er stärker bekämpfte als das

168 Vgl. Zum Neuen Jahr, in: Buchbinder-Zeitung, Jg. 32. (2. Januar 1916), Nr. 1. Kloth bekannte sich später auf dem Verbandstag von 1919 zu diesem Artikel.

169 Vgl. Emil Kloth: Arbeitsgemeinschaften zwischen Arbeitgebern und Arbeitnehmern, in: Soziale Praxis und Archiv für Volkswohlfahrt, Jg. 26 (23. Dezember 1916), Nr. 13.

170 Korrespondenzen, in: Buchbinder-Zeitung, Jg. 32 (23. Juni 1916), Nr. 26.

171 Vgl. Emil Kloth: Die sozialdemokratischen Führer während des Weltkrieges in: Deutsche Zeitung, Jg. 25 (25. November 1920), Nr. 534.

172 Vgl. Nachschrift des Redakteurs, in: Buchbinder-Zeitung, Jg. 33 (11. Februar 1917), Nr. 7.

173 Vgl. Emil Kloth: Die Neutralität der Gewerkschaften und die Sozialdemokratie in: Die Glocke, 2. Jg. (1916), H. 20, S. 789.

174 Gegen den »Vorwärts« als Verleumder der freien Gewerkschaften. in: Buchbinder-Zeitung, Jg. 32 (1. Oktober 1916), Nr. 40.

175 Die Spaltung der Sozialdemokratie, in Buchbinder-Zeitung, 33. Jg. (28. Januar 1917), Nr. 5.

Unternehmerlager. Allerdings blies Kloth von der eigenen Parteibasis der Wind ins Gesicht. Neuköllner Sozialdemokraten gehörten mehrheitlich zur innerparteilichen Opposition, auch wenn nicht alle den Schritt zur USPD mitmachten.[176] Kloths jahrelange »Abrechnung« mit geachteten Neuköllner Sozialdemokraten lässt etwas von seiner Wut und seinem Hass auf oppositionelle Kriegsgegner in der Arbeiterkommune vor den Toren Berlins erahnen.[177] Er selbst agierte als Mitglied der Neuköllner Kriegsnotstandskommission, die versuchte, Unterernährung und Not der Arbeiterbevölkerung einigermaßen zu lindern.[178]

176 Vgl. Wolfgang Kruse: Krieg und nationale Integration. Eine Neuinterpretation des sozialdemokratischen Burgfriedensschlusses 1914/15, Essen 1993, S. 180.

177 Vgl. Emil Kloth: So sieht die sozialistische Wirtschaft aus in: Das freie Wort. Unabhängige nationale Zeitung für Jedermann, Jg. 3 (15. Mai 1921), Nr. 20.

178 Vgl. Emil Kloth: Walter Rathenau der Feuilleton-Minister, in: Das freie Wort. Unabhängige nationale Zeitung für Jedermann, Jg. 3 (12. Juni 1921), Nr. 24.

Innergewerkschaftliche Opposition

Kloths pointierte Stellungnahmen zum Kriegsgeschehen, seine weitgespannten Kriegsziele und seine Einschätzung der innerparteilichen Opposition blieben unter den Mitgliedern nicht ohne Widerspruch. Massive Kritik kam aus Berlin und aus Leipzig. Kritische Stimmen konnten allerdings innergewerkschaftlich zunächst kein Gehör finden. Dies hatte mehrere Gründe. Einerseits ließ die Kriegszensur, die die Gewerkschaftspresse massiv schikanierte, kriegsoppositionelle Stimmen nicht zu. Selbst Todesanzeigen, die den Tod eines Kollegen als Opfer des »Völkerringens« betrauerten, wurden beanstandet. Andererseits lehnte Kloth selbst den Abdruck kriegskritischer Leserbriefe ab. Kritik an der Kriegsführung des Deutschen Reiches verglich der Ersatzredakteur mit Kritik an der Streikleitung nach einem einmütig beschlossenen Arbeitskampf. Seinerseits machte Kloth geschickt mit kriegsunterstützenden Leserbriefen von Kollegen an der Front Stimmung. Tenor der abgedruckten Briefe: Nur der Siegfriede garantiere die materielle Existenz der deutschen Arbeiterschaft.

Die Opposition machte sich kaum an rein gewerkschaftlichen Dingen fest. Vielmehr war die innerverbandliche Opposition mit der politischen Opposition innerhalb der Sozialdemokratie eng verbunden und erhielt von dort ihre Impulse und ihre Unterstützung. Kloths Einsatz um Teuerungszulagen, seine Kritik an der unausgewogenen Verteilung der Kriegskosten, seine Stimmungsmache gegen Kriegsschieber und sein ständiges Plädoyer für eine verbesserte Lebensmittelzuteilung an die Arbeiterfamilien würdigten sogar die Kritiker, die seinen aggressiven Sozialimperialismus sonst strikt ablehnten.[179] Ehrenamtliche Funktionäre, die in Leipzig der innerparteilichen sozialdemokratischen Kriegsopposition und später der USPD angehörten, erhoben als erste ihre Stimme. Dem Leipziger Verbandsausschuss stand statuarisch das Recht zu, Beschwerden gegen den Verbandsvorstand zwischen den Gewerkschaftstagen nachzugehen und auch darüber zu »richten«. Allerdings büßte wie in allen deutschen Gewerkschaften auch der Verbandsausschuss der Buchbinder sein ursprünglich starkes Gewicht mit dem schleichenden Verlust föderalistischer Verbandsstrukturen ein. Es kam zu mehreren Aussprachen zwischen Kloth und dem Verbandsausschuss, die alle wie das Hornberger Schießen verliefen. »Kollege Kloth« – so der Ausschuss in seinem offiziellen Rechenschaftsbericht – »richtete sich aber nicht nach den getroffenen Vereinbarungen und stellte seine persönlichen Ansichten zu sehr in den Vordergrund.«[180] Versuche des Ausschusses, Kloth als Redakteur abzulösen, verliefen im Sande.[181] Geradezu hilflos konstatierte das

179 So das oppositionelle ehrenamtliche Vorstandsmitglied Leopold Jünemann. Vgl. Protokoll der Verhandlungen des 13. Verbandstages des Deutschen Buchbinder-Verbandes. Abgehalten in Würzburg vom 28. Juli bis 4. August 1919, Berlin 1920, S. 41.

180 Bericht über die Tätigkeit des Verbandsausschusses. Vom Juni 1913 bis Juli 1919, in: Protokoll der Verhandlungen des 13. Verbandstages des Deutschen Buchbinder-Verbandes. Abgehalten in Würzburg vom 28. Juli bis 4. August 1919, Berlin 1920, S. 46.

181 Vgl. Emil Kloth: Dittmanns Enthüllungsschwindel. Nach Eingeständnis seiner Genossen, Berlin 1926, S. 46.

Ausschussmitglied Julius Bergmann 1919 auf dem Würzburger Verbandstag: »Kloth hat uns in persönlichen Zusammenkünfte stets versprochen, davon abzugehen; aber seine Veranlagung ist nun einmal so, daß er immer wieder in seine alten Fehler verfällt. Es ist eine Art krankhafter Zustand.«[182]

Im November 1915 gingen die Berliner Mitglieder offen auf Konfliktkurs zu Kloth und seiner kriegsverherrlichenden Schreibweise. Eine in der Berliner Mitgliederversammlung verabschiedete Resolution ließ an Klarheit nichts zu wünschen übrig: »Die Generalversammlung protestiert ganz entschieden gegen die jetzige Schreibweise der ›Buchbinder-Zeitung‹. Sie erblickt darin eine einseitige Stellungnahme zu politischen Tagesfragen, um so mehr, als es der andersdenkenden Richtung wegen der herrschenden Zensurverhältnisse nicht vergönnt ist, ihre Meinung voll zur Geltung zu bringen.«[183] Trotz schneidender Kritik, die Kloth dem Abdruck der Resolutionen anheftete (»Schwänze«), konnte er die Opposition nicht zum Schweigen bringen. In seinen Repliken war von »unklaren Schwärmereien von Internationalisten« die Rede und davon, »welche Verwüstungen die Phrasen der Minderheit in den Köpfen mancher sonst achtenswerter Kollegen angerichtet haben«.[184]

Am 5. Juni 1916 warb Kloth in der Berliner Mitgliederversammlung für eine aktive Kolonialpolitik und für annexionistische Kriegsziele. Die Diskussion endete erst nach Mitternacht. Kloth bekam für seine Redakteursführung erneut das Misstrauen ausgesprochen. Außerdem solle sich der amtierende Redakteur nicht mehr in den innerparteilichen Meinungsstreit der deutschen Sozialdemokratie einmischen.[185] 1916 gingen drei von neun Vorstandsmitgliedern zur innerverbandlichen Opposition über, darunter die einzige Frau im Vorstand, Lucie Krzymia.[186] Opposition bedeutete: Die gewerkschaftliche Burgfriedenspolitik wurde abgelehnt, Streiks als legitimes Mittel zur Durchsetzung gewerkschaftlicher Interessen auch während des Krieges angesehen, das sogenannte Hilfsdienstgesetz mit all seinen Konsequenzen verworfen, das Zeichnen von Kriegsanleihen mit Mitgliedbeiträgen als unvereinbar mit gewerkschaftlichen Zielen erklärt. Selbst Hilfsaktionen wie die Ludendorff-Spende, deren Erträge ausschließlich schwerstverwundeten Soldaten zugute kommen sollten, lehnte die Opposition ab. Allerdings konnte Kloth trotz einer scheinbar stabilen Mehrheit im Vorstand nicht in jedem Fall mit unbedingter Loyalität und Nibelungentreue rechnen. So erlitt er Schiffbruch mit seinem Antrag, mit Mitgliederbeiträgen Kriegsanleihen zu zeichnen. Mit Stimmengleichheit lehnte der Vorstand das Ansinnen seines Vorsitzenden ab.[187]

182 Protokoll der Verhandlungen des 13. Verbandstages des Deutschen Buchbinder-Verbandes. Abgehalten in Würzburg vom 28. Juli bis 4. August 1919, Berlin 1920, S. 114.

183 Die Resolution kam im März 1916 zum Abdruck.. Buchbinder-Zeitung, Jg. 32 (26. März 1916), Nr. 13.

184 Buchbinder-Zeitung, Jg. 32 (16. Januar 1916), Nr. 3.

185 Vgl. Buchbinder-Zeitung, Jg. 32 (25. Juni 1916), Nr. 26.

186 Vgl. Protokoll der Verhandlungen des 13. Verbandstages des Deutschen Buchbinder-Verbandes. Abgehalten in Würzburg vom 28. Juli bis 4. August 1919, Berlin 1920, S. 93.

187 Vgl. Hans-Joachim Bieber: Gewerkschaften in Krieg und Revolution. Arbeiterbewegung, Industrie, Staat und Militär in Deutschland 1914–1920, Bd. 1, Hamburg 1981, S. 235.

Seit Mai 1916 verfügte die Antikriegsopposition im Buchbinder-Verband in Berlin über eine stabile Mehrheit. Viele der Mitglieder standen dem Spartakusbund nahe. Die linke Mehrheit überdauerte das Kriegsende. Bis 1924 setzten sich linke USPD- und KPD-Anhänger in Berlin bei Vorstandswahlen durch. Ihr prominentester Sprecher Otto Gäbel war über Jahre in diversen Funktionen mit der kommunistischen Bewegung vernetzt. Erst die Gründung eines eigenen Verbandes während der ultralinken KPD-Phase beendete die kommunistische Dominanz im Buchbinder-Verband in der Hauptstadt.

In Leipzig hatte im Buchbinder-Verband zeitgleich die Antikriegsopposition das Sagen, die sich ab 1917 um die USPD scharte und dort die SPD-Organisation in eine marginale Stellung verdrängte. Erst mit der Rückkehr der Rest-USPD zur SPD 1922 verlor sich in Leipzig die prinzipielle Widerstandshaltung gegen einen integrativen Gewerkschaftskurs. Bereits Ende 1916 rügten die Mitglieder ihren Vorsitzenden. Der »persönlich verletzende Ton, den der Redakteur Andersdenkenden gegenüber anschlägt«[188], sei nicht länger hinzunehmen. Im Laufe des Jahres 1917 verschärften sich diese Spannungen abermals. Mitglieder des Leipziger Buchbinder-Verbandes sympathisierten ganz offen mit dem im April 1917 ausgebrochenen Munitionsarbeiterstreik.

Nur die Leipziger und Berliner Mitglieder schafften es, sich im eigenen Verbandsorgan über das Vehikel abgedruckter Resolutionen überhaupt Gehör zu verschaffen. In beiden Städten hatte die Opposition die Mehrheit. Oppositionelle Unterströmungen, die auch in Stuttgart und Braunschweig virulent waren, fanden keinerlei Aufmerksamkeit. Man kann davon ausgehen, dass 1917 etwa zwei Fünftel der Mitglieder sich zur Antikriegsopposition zählten. Ohne Zweifel stand im Frühjahr 1917 im Buchbinder-Verband innergewerkschaftliches Krisenmanagement auf der Tagesordnung. Ende April 1917 tagten in Berlin Vorstand, Ausschuss und die Gauleiter des Deutschen Buchbinder-Verbandes, um über einen gemeinsamen Kurs zu beraten. Vor allem die altgedienten Gauleiter zählten nach wie vor zu Kloths Unterstützern. Mit dem gefundenen Formelkompromiss konnte Kloth durchaus zufrieden sein.[189] Die verabschiedete Resolution gab der Friedenssehnsucht Ausdruck, verband diese allerdings mit der Hoffnung auf ein »glückliches Ende« des Krieges. »Glückliches Ende« bedeutete aus Sicht der Mehrheit der Verbandsverantwortlichen »territoriale Unversehrtheit« und die Sicherung der »wirtschaftlichen Entwicklungsmöglichkeit des eigenen Landes«. Hinter dieser Chiffre versteckten die deutschen Gewerkschaftsrepräsentanten in der Regel annexionistische Absichten und die Hoffnung auf den Erwerb weiterer Kolonien. Kloth gelang es damit, den »kleinen Verbandstag« auf diese Forderungen einzustimmen. Bis zum Spätsommer 1918 schien für das Gros der deutschen Gewerkschaftsführer eine Niederlage Deutschlands unvorstellbar.[190] Umso uneinsichtiger reagierten sie auf innergewerkschaftliche Oppositionsforderungen, die scheinbare deutsche Kriegsüberlegenheit, die sich in der

188 Buchbinder-Zeitung, Jg. 33 (18. März 1917), Nr. 12.

189 Der Text der Resolution ist abgedruckt in: Buchbinder-Zeitung, Jg. 33 (6. Mai 1917), Nr. 19.

190 Vgl. Hans-Joachim Bieber: Gewerkschaften in Krieg und Revolution. Arbeiterbewegung, Industrie, Staat und Militär in Deutschland 1914–1920, Bd. 1, Hamburg 1981, S. 235.

Besetzung ausländischer Gebiete manifestierte, zugunsten eines Friedens ohne Sieg oder gar einer Niederlage aufzugeben. Der Buchbinder-Verband schien hier keine Ausnahme zu machen.

Das Selbstverständnis altgedienter Gewerkschaftsrepräsentanten geriet allerdings durch Protestbewegungen »von unten« ins Wanken. Lebensmittelknappheit, Hunger, ungehemmte Preissteigerungen, völlig ungenügende Unterstützung der Arbeiterfamilien und Wucher provozierten im Arbeitermilieu widerständiges Verhalten, das von der Gewerkschaftsführung kaum kanalisiert werden konnte. Ute Daniel hat mehrfach darauf hingewiesen, dass es die Frauen waren, die unabhängig von jeder »Beschlusslage« eine kritische Grundhaltung zum Krieg und zur Kriegsgesellschaft entwickelten und zu wirkungsmächtigen Trägerinnen der Antikriegspolitik avancierten.[191] Im Gegensatz zu den Männern, denen sofort der Gestellungsbefehl drohte, liefen bei den Arbeiterfrauen Repressionsdrohungen ins Leere.

Die Resistenz der Frauen hatte Gründe: Mehrfachbelastung durch Beruf, Haushalt und Kindererziehung hatte den Druck auf die Frauen bis zur äußersten Grenze erhöht. Hinzu kam, dass Buchbinder und Buchbinderinnen die »kleinen Freiheiten« eines verknappten Arbeitsmarktes nicht nutzen konnten. Spätestens im zweiten Kriegsjahr war es nicht eingezogenen Arbeitern und Arbeiterinnen möglich, den Arbeitskräftemangel in kriegswichtigen Industriezweigen durch Arbeitsplatzwechsel für eine bessere Entlohnung zu instrumentalisieren. Dies war den Beschäftigten in nicht kriegswichtigen Konsumgüterbranchen verwehrt. Hier versuchten die Kapitaleigner, Gewinneinbußen durch verlängerte Arbeitszeiten und Lohnreduktionen zu kompensieren. In einem Berliner Betrieb der Luxuspapierbranche waren die Löhne so niedrig, dass die Beschäftigten Tag und Nacht arbeiteten und sogar etliche Stunden im Fabrikraum schliefen, um keine Zeit für den Weg nach Hause zu verlieren.[192] Neben den Frauen hatten Jugendliche ein ganz außerordentliches Interesse an einer schnellen Beendigung des Krieges, da sonst ihre Einberufung drohte.[193]

Der Buchbinder-Verband war beides: jung, weiblich und zunehmend renitent. Die soziale Zusammensetzung änderte sich während des Krieges radikal. 1917 gewann der Verband nicht zuletzt durch das von der Opposition bekämpfte Hilfsdienstgesetz erneut deutlich an Mitgliedern, ohne allerdings den Vorkriegsstand wieder zu erreichen. 1917 standen 5.519 männlichen Mitgliedern 14.746 weibliche gegenüber.[194] Die neuen Mitglieder scherten sich nur noch wenig um gewerkschaftliche Disziplin. Glaubt man der Leipziger Funktionärin

191 Vgl. Ute Daniel: Frauen in der Kriegsgesellschaft 1914–1918. Staatliche Bewirtschaftungspolitik und die Überlebensstrategien der Arbeiterfrauen, in: Archiv der Geschichte des Widerstandes und der Arbeit, Jg. 9, (1989), S. 67–76, hier S. 75; vgl. auch Ute Daniel: Fiktionen, Friktionen und Fakten – Frauenlohnarbeit im Ersten Weltkrieg, in: Gunther Mai (Hrsg.): Arbeiterschaft in Deutschland 1914–1918. Studien zu Arbeitskampf und Arbeitsmarkt im Ersten Weltkrieg, Düsseldorf 1985, S. 227–323.

192 Vgl. Hans-Joachim Bieber: Gewerkschaften in Krieg und Revolution. Arbeiterbewegung, Industrie, Staat und Militär in Deutschland 1914–1920, Bd. 1, Hamburg 1981, S. 200.

193 Friedhelm Boll: Spontaneität der Basis und politische Funktion des Streiks 1914–1918. Das Beispiel Braunschweig, in: Archiv für Sozialgeschichte, Bd. 17 (1977), S. 337–366, hier S. 360.

194 Vgl. Der Deutsche Buchbinder-Verband im Jahr 1917. Bericht des Vorstandes, Berlin 1918, S. 27.

Berta Thiel, so versuchte Kloth alles Erdenkliche, um die Oppositionsströmung in seiner alten Heimatstadt Leipzig zum Schweigen zu bringen.[195]

Berta Thiels emotionaler Redebeitrag auf dem Verbandstag in Würzburg 1919 illustrierte auch noch Monate später treffend Wut, Depression und Verzweiflung der Frauen, die von den »alten Führern« nichts mehr wissen wollten: »Die Lohnkämpfe sind unterbunden worden, die freie Meinung der Arbeiterschaft durfte nicht zum Ausdruck kommen. Es kamen immer nur Vereinbarungen zustande, und dem mußte sich die Arbeiterschaft fügen. Und wie sah es mit der Fürsorge für die Daheimgebliebenen aus? Wie hat man die Frauen und Kinder versorgt? In der schamlosesten Weise hat man die Unterstützung herabgesetzt. Man hat die Frauen in die Fabriken hineingetrieben. Nachdem sie dann einen gewissen Lohn erzielt haben, hat man wieder Abstriche gemacht, hat Lohn und Unterstützung zusammengerechnet. [...] Bis in die höchsten Instanzen ist der Notschrei der Kinder und Frauen gegangen, die nicht ein noch aus wußten. Der Mann stand im Felde. Daheim war die Familie in bitterer Not, niemand kümmerte sich um sie. Die Arbeiterschutzgesetze waren aufgehoben, die Frauen waren sich selbst überlassen. Wenn sich jemand von seitens unserer Führer entschlossen dagegen aufgelehnt hätte, dann wäre es nicht möglich gewesen, daß die Regierung sich in so schamloser Weise an den Frauen versündigt hätte, deren Männer draußen waren. Das ist der beste Beweis dafür, daß die Führer der Gewerkschaften von seitens der bürgerlichen Presse nicht ernst genommen wurden.«[196]

195 Vgl. Protokoll der Verhandlungen des 13. Verbandstages des Deutschen Buchbinder-Verbandes. Abgehalten in Würzburg vom 28.Juli bis 4. August 1919, Berlin 1920, S. 126.

196 Ebd.

Risse

In der Vorständekonferenz der Gewerkschaften konnte Kloth lange ohne nennenswerte Opposition agieren. In diesem Gremium bekannten sich nur der Redakteur des Handlungsgehilfenblattes Paul Lange und der Vorsitzende der Schumacher-Gewerkschaft Josef Simon zur sozialdemokratischen Kriegsopposition. Allerdings geriet Kloth im März 1917 selbst in Gegensatz zum Parteivorstand der SPD und zu den Spitzenfunktionären der deutschen Gewerkschaften. Seine Oppositionshaltung speiste sich hingegen aus der Angst vor den Friedensbemühungen der deutschen Sozialdemokratie. Die geplante internationale Friedenskonferenz sozialistischer Parteien und Gewerkschaftsorganisationen und die mehrheitlich von bürgerlichen Parteien und der SPD angenommene »Friedensresolution« im Reichstag besorgten ihn tief.

Wie war diese Politik einzuschätzen? Friedhelm Boll hat in vielen Studien kritisch zum Charakter der SPD-Politik auf der Stockholmer Friedenskonferenz vom 2. bis 29. Juni 1917 Stellung bezogen. Seine Schlussfolgerungen: Der vorgeschlagene Verständigungsfriede (»Scheidemann-Friede«) lief immer noch auf einen »gemäßigt deutschen Siegfrieden« hinaus. Scheidemann propagierte zwar die populäre Formel des Petrograder Sowjets vom »Friede ohne Annexion und Kontribution«, versuchte allerdings immer noch, taktischen Nutzen aus der scheinbar günstigen Kriegssituation des Deutschen Reiches zu ziehen.[197] Kloth kannte das taktische Kalkül, das hinter Scheidemanns Friedensstrategie stand.[198] Dennoch schlug er im Mai 1917 Alarm: »In der auswärtigen Politik hat die sozialdemokratische Partei selten eine glückliche Hand gehabt, weil sie sich von Doktrinen, anstatt von der rauen Wirklichkeit der Dinge, wie sie sind, bestimmen ließ. Ihre so oft während des Krieges ausgestoßenen Friedenswünsche, die manchmal zur unpaßenden Zeit geäußert wurden, haben die gewünschte Wirkung nicht gehabt, sondern sind [...] daher eher kriegsverlängernd gewesen.«[199] Kloths Schlussfolgerung: Er warnte die Gewerkschaften, sich zu eng an die deutsche Sozialdemokratie zu binden.[200] Friede – so seine Argumentation bis ins Jahr 1918 hinein – könne nur ein Sieg Deutschlands bringen. Nur die »ungebrochene Kraft Deutschlands und seiner Verbündeten und ihrer unbestreitbaren Waffenerfolge«[201] böten beste Garantien für ein baldiges Kriegsende.

197 Vgl. Friedhelm Boll: Im Schatten des Krieges. Die deutsche Sozialdemokratie von der Jahrhundertwende bis zur Revolution in: Kämpfe, Krisen, Kompromisse, Bonn 1989, S. 33–54, hier S.48.

198 Vgl. Emil Kloth: Er – Scheidemann, in: Das freie Wort. Unabhängige nationale Zeitung für Jedermann, 3. Jg. (18. Dezember 1921), Nr. 51.

199 Zu den Stockholmer Friedenskonferenzen, in: Buchbinder-Zeitung, 33. Jg. (20. Mai 1917), Nr. 21. Der Artikel erschien anonym, kann aber hundertprozentig Kloth zugeschrieben werden, da Teile der Argumentation von ihm als Redakteur später wortwörtlich wiederholt wurden.

200 Vgl. ebd.

201 E.K.: Die Hoffnung gewinnt an Boden, in: Buchbinder-Zeitung, 34. Jg. (1. Januar 1918), Nr. 1.

Siegesparolen verbreitete Kloth bis Oktober 1918. Spätestens im Juni 1918 ließ es sich jedoch nicht mehr verbergen: Der Vorsitzende des Deutschen Buchbinder-Verbandes manövrierte sich friedenspolitisch in die Isolation. Kloths Warnung »Nur keine Stockholmerei«[202] widersprach das *Correspondenzblatt der Generalkommission der Gewerkschaften Deutschlands.*[203] Die Stockholmer Konferenz habe unzweideutig der Friedensbewegung in den feindlichen Staaten Aufschwung gegeben. Erstmals lasen die Mitglieder positive Urteile über die Friedensinitiativen des amerikanischen Präsidenten Wilson im zentralen Gewerkschaftsblatt. Der Verbandsvorsitzende der Buchbinder blieb unbeeindruckt: »Soweit übrigens die Friedensbewegung in den feindlichen Ländern zugenommen hat, ist sie nicht auf die Wirkung von Stockholm zurückzuführen, sondern auf die wachsende Erkenntnis, daß Deutschland militärisch nicht niederzuringen ist, trotz der prahlerischen Reden der feindlichen Staatsmänner.«[204]

Insbesondere dem Wilsonschen 14-Punkte-Programm galt Kloths ganzes Misstrauen. Er schätzte diese Friedensinitiative nur als unglaubwürdigen Trick ein. Als gelernter Marxist versuchte er, sein altes Interpretationswerkzeug gegen den ausbeuterischen amerikanischen Imperialismus zu wenden, der nur darauf warte, die geschlagene deutsche Arbeiterklasse ungeschützt ausnehmen zu können. Allerdings bezogen sich Klassenanalysen und Gegenstrategien nur auf die siegreichen feindlichen Staaten und ihre Pläne gegenüber Deutschland. Ein kurz vor Kriegsende eingereichter Artikel für das *Correspondenzblatt,* in dem Kloth vehement vor amerikanischen Friedensplänen warnte, blieb unveröffentlicht. Die Redaktion weigerte sich, seinen Artikel zu publizieren.[205] Auch der *Vorwärts* – schon seit Langem kein Oppositionsblatt mehr – lehnte den Abdruck eines gegen die Wilsonschen 14 Punkte gerichteten Artikels ab. Der verworfene Beitrag erschien dennoch am 5. September 1918 in einem Blatt, das für seine alldeutsche annexionistische Propaganda unter linken Arbeitern einen mehr als zweifelhaften Ruf genoss: der *Täglichen Rundschau.*[206] Inhaltlich kam die Veröffentlichung eines Gewerkschaftsvorsitzenden in einer nationalistischen Tageszeitung einem Erdbeben gleich und schlug hohe Wellen. Der Artikel nannte quasi zwei Urheber. Die Autorenbezeichnung »Von einem sozialdemokratischen Gewerkschafter« stand noch in der Tradition des Blattes, keine Namen der Mitarbeiter zu nennen. Am Ende des Artikels prangte indes der Klarname des Autors.

Der Abdruck in einer rechten Tageszeitung – von Kloth später als eine Art Notwehr interpretiert – machte deutlich: In diversen Kriegsnotstandskomitees hatte Kloth intensive Kontakte zu alldeutschen und nationalistischen Kreisen gepflegt. Ganz offensichtlich akzep-

202 Nur keine Stockholmerei, in: Buchbinder-Zeitung, 34. Jg. (30. Juni 1918), Nr. 27.

203 Vgl. Correspondenzblatt der Generalkommission der Gewerkschaften Deutschlands, Jg. 38 (6. Juli 1918), Nr. 27.

204 E.K.: Das »Correspondenzblatt« und die Stockholmerei, in: Buchbinder-Zeitung, 34. Jg. (28. Juli 1918), Nr. 31.

205 Ein Abdruck erfolgte später in: Emil Kloth: Einkehr. Betrachtungen eines sozialdemokratischen Gewerkschaftlers über die Politik der deutschen Sozialdemokratie, München 1920, S. 125–128.

206 Vgl. Emil Kloth: Der Wilsonsche Völkerbund und die neue Geheimdiplomatie, in: Tägliche Rundschau, Jg. 38 (5. September 1918), Nr. 567.

tierten die Gesprächs- und Kooperationspartner dort den Gewerkschaftsvorsitzenden als gleichwertigen Partner. In Kloths neuem Netzwerk grassierte ein radikaler Antisemitismus, dem sich der Gewerkschafter allmählich öffnete. Es scheint, dass Heinrich Rippler, Redakteur an der *Täglichen Rundschau*, Ausschussmitglied des Alldeutschen Verbandes und späterer Reichstagsabgeordneter der Deutschen Volkspartei, Kloth unter seine Fittiche nahm und ihn später auch förderte.[207]

Ein weiteres Konfliktmoment bestand darin, dass Kloth wenig von der Parlamentarisierung des Reiches in den letzten Kriegstagen hielt. Seine Thesen: Nicht die Demokratisierung genieße Priorität, sondern die Abwehr des Feindes.[208] Was die Staatsform anbelangte, so berief sich der Buchbinder-Vorsitzende auf August Bebel. Die Frage Republik oder Monarchie stelle sich für die Arbeiterbewegung nicht. Seine Parole: »Erst Brot, dann Freiheit«.[209] Mehr oder weniger offen näherte sich Kloth seinen neuen monarchistischen Freunden. Allerdings waren mittlerweile auch Sozialdemokraten bereit, eine monarchistische Staatsordnung übergangsweise oder endgültig zu akzeptieren.

207 Zu Rippler siehe Rainer Hering: Konstruierte Nation. Der Alldeutsche Verband 1890 bis 1939, Hamburg 2003, S. 184. Zur Geschichte des Blattes siehe Joachim Pöhls: Die »Tägliche Rundschau« und die Zerstörung der Weimarer Republik, Diss., Münster 1975.

208 Vgl. Im brodelnden Schmelztiegel, in: Buchbinder-Zeitung, Jg. 34 (3. Oktober 1918), Nr. 42.

209 Brot und Freiheit, in: Buchbinder-Zeitung, Jg. 24 (17. November 1918), Nr. 47.

Zusammenbruch

Rainer Hering hat eine einflussreiche Gruppe im Kaiserreich beschrieben, die mit extremen Kriegszielforderungen versuchte, Einfluss auf die Politik des kaiserlichen Deutschlands zu nehmen, und mit ihren Parolen »Deutschland den Deutschen« wirkungsmächtig ausstrahlte: Der »Alldeutsche Verband« ersehnte einen großen militärischen Sieg und eine bedeutende territoriale Erweiterung des Reiches. Der militärische Zusammenbruch und die revolutionäre Vertreibung der feudalen Eliten trafen seine Anhänger tief. Mentalitätsgeschichtlich – so Hering – bedeutete die Kriegsniederlage psychoanalytisch einen Vatermord, »ausgeführt von einem Fremden«.[210] In der Konsequenz habe zunächst Fassungslosigkeit angesichts des gefallenen Vaters geherrscht. Danach habe eine Strategie der Gesichtswahrung obsiegt: Die Niederlage sei nicht rechtens bzw. manipuliert worden. Dahinter sei die Illusion verborgen worden, der Verlierer sei »eigentlich« der bessere Kämpfer gewesen. Selbstlügen ersparten somit den harten Weg analytischer Selbsterkenntnis, ersparten Trauer und das Eingeständnis eigener Fehler. Die Chance für ein »neues Leben« werde damit vertan.

Emil Kloth durchlief in rasant kurzer Zeit alle Stadien des Verdrängungsprozesses. Zunächst herrschte bei ihm schierer Unglaube über die militärische Niederlage vor. Fast demütig bemühte er sich darum, einen Weg aus der Krise für das deutsche Volk und die deutsche Arbeiterschaft zu skizzieren. Seine gesellschaftlichen Entwürfe veröffentlichte er – immer noch gestandener Sozialdemokrat und Gewerkschafter – in sozialdemokratischen und gewerkschaftlichen Verlagen. Gleich nach der Novemberrevolution publizierte Kloth anonym im angesehenen Verlag der Buchhandlung Vorwärts eine der vielen vom Verlag aufgelegten *Flugschriften der Revolution* unter dem Titel: »Allgemeine Arbeitsdienstpflicht. Ein Mahnwort an Volk und Regierung«.[211] Unumwunden bekannte sich der Gewerkschaftsvorsitzende zur sozialen Republik. Allerdings könne nur die Steigerung der Produktion eine Hungersnot von Hunderttausenden »proletarischer Brüder und Schwestern« verhindern. Arbeitspflicht habe für Arbeiter und Arbeitgeber gleichermaßen zu gelten. Eindringlich warnte der ehemalige Neuköllner Stadtverordnete vor jeder Form unverantwortlicher Revolutionsspielerei: »Genossen und Genossinnen, überlegt euch doch einmal selbst, was dadurch entsteht, wenn ihr zurzeit Unerfüllbares von den Unternehmern verlangt: Ihr sägt den Ast ab, auf dem euer wirtschaftliches Dasein beruht!« Und: »Utopisten, Advokaten, Literaten und andere Schönredner, die sich nicht die Mühe genommen haben, wirtschaftliche

210 Rainer Hering: Konstruierte Nation. Der Alldeutsche Verband 1890 bis 1939, Hamburg 2003, S. 138. Rainer Hering stützt sich bei seinem Erklärungsmodell weitgehend auf Wolfgang Schivelbusch: Heuchler und Helden. Kriegsniederlagen oder: Was geschieht im Moment des Zusammenbruchs, in: Frankfurter Rundschau, Jg. 56 (27. Mai 2000), Nr. 123.

211 Kloth hat sich auf dem Würzburger Verbandstag 1919 stolz zu seiner Schrift bekannt. Vgl. Protokoll der Verhandlungen des 13. Verbandstages des Deutschen Buchbinder-Verbandes. Abgehalten in Würzburg vom 28. Juli bis 4. August 1919, Berlin 1920, S. 213.

Dinge zu studieren und erst recht nicht praktische Erfahrungen darin haben, mögen euch in unverantwortlicher Weise vorrechnen, alle diese Dinge seien hinfällig, ihr braucht nur zu fordern, dann würdet ihr auch alles erreichen, was ihr wünscht.«[212] Diese Meinung reflektierte die Mehrheitsmeinung innerhalb der SPD. Als Schreckgespenst diente zusätzlich die bolschewistische Revolution.

In einem Aufruf – mit vielen autobiografischen Bezügen – wiederholte er im Frühjahr 1919 seinen eindringlichen Appell zur nationalen Geschlossenheit und zur Arbeitspflicht für alle Stände, um die Folgen der Kriegsniederlage abzuwenden. Kloth lobte das gerade mit seiner Stimme beschlossene sozialpolitische Programm der freien Gewerkschaftsbewegung. Das Geld für sozialpolitische Programme müsse allerdings aufgebracht werden, die Notenpresse sei keine Alternative. Nur ein enges Bündnis mit der Unternehmerseite garantiere den Aufstieg Deutschlands. Erstmals erhob der Vorsitzende des Deutschen Buchbinder-Verbandes die empfundene eigene Unzulänglichkeit zum Programm. Die Arbeiterschaft könne die Wirtschaft nicht lenken. Schlussfolgerung: »[...] zum Wiederaufblühen des deutschen Handels ist es durchweg notwendig, sachkundige Unternehmer und Angestellte an ihren bisherigen Plätzen zu lassen.«[213] Wer diesen Text richtig lesen konnte, las es bereits zwischen den Zeilen: Kloth machte – durchaus noch zurückhaltend – fremdländische Einflüsse in der deutschen Arbeiterbewegung für Kriegsniederlage und Revolutionshetze verantwortlich.

Der Radikalisierungsschub nach rechts hatte einiges mit Kloths Neuköllner Revolutionserfahrungen zu tun. In der Neuköllner Stadtverordnetenversammlung hatten die Anhänger der Mehrheitssozialdemokratie das Sagen, während die Mehrheit der sozialdemokratischen Mitglieder sich nach dem Schisma zur Unabhängigen Sozialdemokratie bekannte. Dennoch wandten sich kurz vor Kriegsende selbst SPD-Vertreter von Kloths überparteilichen kriegsunterstützenden Aktivitäten ab. Dieser empfand die Abkehr einiger Parteiintellektueller regelrecht als Verrat.[214] Hinzu kam: Die chaotische »Machtübernahme« der Neuköllner Stadtverordnetenversammlung durch den Arbeiter- und Soldatenrat löste bei Kloth atavistische Ängste aus. Von Intellektuellen aufgestachelte Jugendliche hatten – so Kloths Deutung – altgediente Parlamentarier mit schierer Gewalt »abgesetzt«.[215] Die kurzfristige Verdrängung gestandener Arbeiterfunktionäre in einer spontanen Aktion durch junge Aktivisten machte er über Jahre hinweg zu einem wichtigen Thema.[216]

212 Emil Kloth: Allgemeine Arbeitsdienstpflicht. Ein Mahnwort an Volk und Regierung, Berlin 1919, S. 8f.

213 Emil Kloth: Der hohe Wert der Arbeit, [Berlin 1919], S. 4. Die Flugschrift ist noch mit der Funktionsbezeichnung »Vorsitzender des Deutschen Buchbinderverbandes« unterschrieben. Der sehr aussagekräftige Text, der nur in der Deutschen Bücherei in Leipzig Aufnahme fand, macht den Eindruck einer Rede zur Freisprechung von Gesellen.

214 Vgl. Emil Kloth: Dittmanns Enthüllungsschwindel. Nach Eingeständnis seiner Genossen, Berlin 1926, S. 47.

215 Die »Räterepublik Neukölln« hat Frauke Bey-Heard plastisch beschrieben. Vgl. Frauke Bey-Heard: Hauptstadt und Staatsumwälzung Berlin 1919. Problematik und Scheitern der Rätebewegung in der Berliner Kommunalverwaltung, Stuttgart u. a. 1969, S. 92–102.

216 Vgl. Emil Kloth: Aus Neuköllns Revolutionstagen, in: Deutscher Vorwärts, 2. Jg. (1924), Nr. 25.

Im harten Kern stimmte Kloths Analyse mit den politischen Zielen der deutschen Gewerkschaftsspitze unmittelbar nach Kriegsende immer noch überein. Sozialisierung und Vergesellschaftung stünden nicht auf der Tagesordnung. Vielmehr gelte es, durch Arbeitsgemeinschaften zwischen Unternehmern und Arbeiterschaft die Produktion in Gang zu setzen. Das sozialistische Endziel wurde vertagt. Gemeinsam mit dem Vorsitzenden des Verbandes Deutscher Buchbindereibesitzer unterzeichnete Kloth den Vertrag zur Regelung der Arbeitsbedingungen in der Übergangswirtschaft im Buchbindergewerbe. Aus Sicherheitsgründen tagten die Verhandlungskommissionen vom 28. bis 29. November 1918 in Leipzig. Sämtliche Gauleiter nahmen an den Verhandlungen teil. Wie in allen anderen Gewerben auch, hatten die Kapitaleigner rasch nachgegeben, um Schlimmeres zu verhüten. Hochzufrieden zog Kloth ein Resümee der Verhandlungen. Der Durchbruch sei geglückt: Der Buchbinderverband habe die wichtigsten Ziele nach jahrzehntelangen gewerkschaftlichen Anstrengungen erreicht: die 46-Stunden-Woche und die Anerkennung als gleichberechtigter Sozialpartner.[217]

Geradezu hymnisch feierte der Gewerkschaftsvorsitzende die Zentralarbeitsgemeinschaft der industriellen und gewerblichen Arbeitgeber und Arbeitnehmer Deutschlands (ZAG) als Krönung eines »Riesenbauwerkes« und als Garant, dem »bedrohten Wirtschaftswesen neuen Halt zu geben«. Die enge Zusammenarbeit der Tarifpartner in den Organen des Hilfsdienstes während des Krieges zahle sich nun aus.[218] Nicht ganz so euphorisch – doch meist gedämpft optimistisch – werteten die übrigen freien Gewerkschaftszeitungen das Abkommen.

Weit stärker als die Ausgestaltung der Arbeitsbeziehungen im Buchbindergewerbe und seiner Nebenbranchen trieb Kloth die außenpolitische Situation um. Langsam sickerten die ersten Vorstellungen der siegreichen Alliierten für einen kommenden Friedensvertrag durch. Kloth sah sich in seinen schlimmsten Prognosen bestätigt. Die *Buchbinder-Zeitung* stand ihm für seine außenpolitischen Warnungen nicht mehr zur Verfügung. Der gewählte Redakteur Carl Michaelis kehrte Ende Dezember als entlassener Soldat nach Berlin zurück und übernahm im Januar 1919 das Verbandsblatt. Künftig redigierte er das gewerkschaftliche Sprachrohr wieder im klassisch-gewerkschaftlichen Sinne: Die große Politik – für die nach gewerkschaftlichem Selbstverständnis die Parteien zuständig waren – blieb in der *Buchbinder-Zeitung* außen vor.

Kloth versuchte, stattdessen das sozialdemokratische Zentralorgan zu nutzen. Äußerer Anlass waren selbstkritische Töne des *Vorwärts*-Redakteurs Erwin Barth, dem Kloth politisch durchaus nahestand. Barth im Mai 1919: »Kein deutscher Wähler hat im Januar das Gräßliche vorausahnen können, was über uns verhängt werden soll. Niemand hat glauben können,

217 Vgl. Gauleiterkonferenz und gemeinsame Sitzung mit dem Verbande Deutscher Buchbindereibesitzer zur Regelung der Arbeitsbedingungen und der Übergangswirtschaft im Buchbindergewerbe, in: Buchbinder-Zeitung, Jg. 34 (8. Dezember 1918), Nr. 50.

218 Vgl. E. Kloth: Die Arbeitsgemeinschaft der Arbeitgeber- und Arbeitnehmerverbände Deutschlands, in: Buchbinder-Zeitung, Jg. 35 (1. Januar 1919), Nr. 1.

daß in Paris Bestien statt Menschen der Welt statt des Friedens ein viel schlimmeres Werk als den Krieg selbst ersinnen würden. Der Krieg hat die Männer im Blute ertränkt, der Frieden aber soll Weiber und Kinder hinmorden.«[219] Barths düstere Warnung blieb kein Einzelfall. Wirkungsmächtig waren auch die Worte des sozialdemokratischen Reichskanzlers Philipp Scheidemann: »Welche Hand müsste nicht verdorren, die sich und uns in solche Fesseln legt? Der Vertrag ist unannehmbar.«[220] Die Protestmanifestationen der Sozialdemokratie gegen den geplanten Friedensvertrag waren bestens besucht. Kloth konnte auftrumpfen. In seinem abgelehnten *Vorwärts*-Artikel vom Oktober 1918 hatte er prophezeit: die »Abtrennung Elsaß-Lothringens, vielleicht auch des linken Rheinufers, zugunsten Frankreichs, Oberschlesiens, der Provinz Posen, Ost- und Westpreußen von Deutschland zugunsten Polens, Annexion der deutschen Kolonien durch England, ungeheure Kriegsentschädigung an alle feindlichen Mächte«[221]. Und in der Tat: Kloths Analysen waren prophetisch, klammerten allerdings den Beitrag Deutschlands an der Entfesselung des Krieges aus. Auch kein Wort davon, dass Kloth und seine Freunde nach einem siegreichen Frieden ähnliche annexionistische Forderungen in die Tat umgesetzt sehen wollten.

Der sozialdemokratische *Vorwärts* weigerte sich wiederum strikt, Kloths Philippika aufzunehmen. Stattdessen druckte die *Tägliche Rundschau* erneut seine Warnungen ab: Deutschland müsse sich gegebenenfalls für einen revolutionären Volkskrieg gegen die Feinde wappnen. Dies stehe in der besten Tradition der Französischen Revolution. Allerdings räumte der Gewerkschaftsvorsitzende ein, dass pazifistische Illusionen in der Arbeiterbewegung die Perspektiven eines Volkswiderstandes von Tag zu Tag verschlechterten.[222] Friedenssehnsucht und Kampfesmüdigkeit der Truppen an der Westfront unter dem Eindruck eines militärisch überlegenen Gegners hatten bei Kloth keine Spuren hinterlassen.[223] Langsam kristallisierten sich für ihn die Mächte heraus, die die »eigentliche« Schuld an Deutschlands Niederlage trugen: die streikenden Arbeiter im Munitionsarbeiterstreik Anfang 1918, Arbeiterführer, die den Streik nicht unterbinden konnten, pazifistisch-internationalistische Gutgläubigkeit der eigenen sozialdemokratischen Genossen. Und: Immer stärker traten fremdländisch-feindliche Protagonisten als Schuldige der Niederlage in Kloths Kriegsgemälde auf.

219 Erwin: Barth Wer wagt die Entscheidung?, in: Vorwärts, Jg. 36 (19. Mai 1919), Nr. 253.
220 http://www.reichstagsprotokolle.de/Blatt2_wv_bsb00000011_00354.html, letzter Aufruf am 14.8.2014.
221 Emil Kloth: Der Wilsonsche Völkerbund und die neue Geheimdiplomatie, in. Tägliche Rundschau, Jg. 38 (5. September 1918), Nr. 567.
222 Vgl. Bundesarchiv Berlin R/8034/III, Nr. 241 Presseausschnittsammlung Reichslandbund (Emil Kloth).
223 Vgl. Anne Lipp: Friedenssehnsucht und Durchhaltebereitschaft. Wahrnehmungen und Erfahrungen deutscher Soldaten im Ersten Weltkrieg, in: Archiv für Sozialgeschichte. Jg. 36 (1996), S. 279–291.

Abgang

Nach dem verlorenen Krieg und der Novemberrevolution entlud sich innergewerkschaftlich aufgestauter Hass gegen Kloth. Seine kriegsunterstützenden Artikel, seine Abkehr von scheinbar internationalistischen Positionen, seine Diffamierung der sozialdemokratischen Antikriegs-Opposition, die jahrelange Unterdrückung ungeliebter Meinungen im Verbandsblatt: Alles kam auf den Tisch. Kloths Beiträge in nationalen bürgerlichen Blättern steigerten die Aggressivität. Außerdem konnten bekennende Sozialisten dem neuen integrativen Gewerkschaftskurs, der auf weitgehende sozialistische Transformationen verzichtete, nichts abgewinnen. Mitglieder forderten die rasche Einberufung eines Gewerkschaftstages.[224] Stimmen aus Leipzig machten deutlich, dass die Mehrzahl der Leipziger Mitglieder Kloths Abwahl fest im Visier hatte.[225] Der hauptamtliche Leipziger Gewerkschaftsfunktionär Otto Wieneke, ein enger Kampfgefährte Emil Kloths, fiel bereits im Frühjahr der oppositionellen Stimmung zum Opfer und wurde abgewählt.

Im Verbandsblatt verteidigte Kloth ungerührt die Politik des 4. August. Er habe in enger Abstimmung mit der Generalkommission agiert. Im Übrigen habe die jetzige innergewerkschaftliche Opposition seine Politik bis 1916 mitgetragen. Kein gutes Haar ließ der Vorsitzende an den linkssozialistischen Kollegen und Kolleginnen in Berlin und Leipzig. Die Mitarbeit an bürgerlichen Blättern verteidigte er mit seinem Recht auf freie Meinungsäußerung. Seine Argumentation zur Kriegsfrage habe sich stets in den Bahnen von Marx, Engels, Lassalle und Bebel bewegt.[226] Mit Hinweis auf die gute Situation des Buchbinderverbandes suchte der Angegriffene weiter zu punkten. Und in der Tat gab das Wachstum des Verbandes nach der Novemberrevolution zu den optimistischsten Prognosen Anlass. Ende Dezember rekrutierte die Gewerkschaft 10.951 männliche und 26.378 weibliche Mitglieder. Der »stürmischen Mitgliederentwicklung«[227] konnte die Organisation kaum Herr werden. Geradezu sensationell wurde sie zum Ende des Jahres 1919: Die Mitgliederstatistik schloss mit 76.251 Mitgliedern ab. Die von Kloth in seiner Verbandsgeschichte 1913 kühn entworfene Vision von 75.000 Mitgliedern schien in Erfüllung gegangen zu sein. Allerdings machte gewaltige Fluktuation bereits deutlich, dass nur eine befriedigende und erfolgreiche Gewerkschaftspolitik die neu zugeströmten Mitglieder würde dauerhaft binden können.[228] 1919 schien nur die Gewerkschaft – als einzige Organisation – prekär Beschäftigten Schutz und Schirm bieten zu können.

224 Vgl. Buchbinder-Zeitung, Jg. 35 (27. April 1919), Nr. 18.

225 Vgl. Buchbinder-Zeitung, Jg. 35 (22. Juni 1919), Nr. 26.

226 Vgl. Emil Kloth: Um was es sich handelt. Ein Mahnwort an die Verbandsmitglieder, in: Buchbinder-Zeitung, Jg. 35 (25. Mai 1919), Nr. 22.

227 Der Deutsche Buchbinder-Verband im Jahre 1918. Bericht des Vorstandes, Berlin 1919, S. 16f.

228 Vgl. Der Verband der Buchbinder und Papierverarbeiter im Jahr 1919. Bericht des Vorstandes, Berlin 1920, S. 16. Unter den Mitgliedern befanden sich Ende 1919 53.032 Frauen.

Entsprechend selbstbewusst trat Kloth auf. Der Vorstand setzte den Verbandstag für die Zeit vom 28. Juli bis 4. August 1919 fest. Auf vier Seiten nahm der Verbandsvorsitzende in der *Buchbinder-Zeitung* detailliert zu allen Anträgen Stellung, gab Wertungen und Empfehlungen ab und sparte in personellen Dingen nicht mit Schlägen unter die Gürtellinie: »Der plätschernde Fluß seichter Rede, auch wenn sie von noch so schmetternder Lungenkraft getrieben und rollendem Pathos begleitet wird, allein tut's nicht. Im Gegenteil: Mancher, dem die Worte nur so wie Honigseim von den Lippen und schmeichelnd in die Ohren des Zuhörers fließen, hat sich bei praktischer Arbeit als ganz unfähiger Nichtskönner erwiesen.«[229] Kloth rechnete offenbar nicht im Geringsten damit, dass der nach sechsjähriger Karenzzeit einberufene Gewerkschaftstag ihm irgendwie »gefährlich« werden könnte.

Mit breiter Brust kehrte Kloth vom 10. Kongress der Gewerkschaften aus Nürnberg zurück. Das höchste deutsche Gewerkschaftsgremium tagte vom 30. Juni bis 5. Juli 1919 und wies alle oppositionellen Anträge in die Schranken. Vorstandskritische Gewerkschafter konnten in der fränkischen Metropole der Arbeiterbewegung nicht einmal 30 Prozent der Delegierten auf ihre Seite bringen. Unter großem Beifall referierte der Vorsitzende des Buchbinder-Verbandes gegen die Opposition. Geschickt spielte er einen großen Trumpf aus: Die Opposition sei nicht in der Lage gewesen, überhaupt einen Arbeiter als Referenten zu stellen. In der für Kloth typischen Mischung aus persönlicher Diffamierung und sachlichen Argumenten stellte er Rudolf Hilferding und den Rätetheoretiker Ernst Däumig ins Abseits.[230]

Auf dem Würzburger Verbandstag der Buchbinder stießen sich die Argumente und Meinungen ebenfalls hart im Raum. Allerdings gestalteten sich die Mehrheitsverhältnisse anders als auf dem allgemeinen Gewerkschaftstag. Der Berliner Ortsverein brachte gleich zu Beginn des Gewerkschaftstages die entscheidende Resolution ein: Emil Kloth solle das Misstrauen für die zurückliegende Führung des Verbandes ausgesprochen werden und keinen Vertrauensvorschuss für die kommenden Jahre mehr erhalten.[231] Diskussionen um die Amtsführung des Vorsitzenden nahmen mehr als die Hälfte der üppig bemessenen Zeit des Gewerkschaftstages in Anspruch. Es war keine Überraschung: Als Oppositionszentren kristallisierten sich Berlin und Leipzig heraus. Aber auch aus Stuttgart und einzelnen Provinzstädten kamen kritische Stimmen.

Die Diskussion auf dem Gewerkschaftstag glich phasenweise einer Zitatenschlacht. Kloth suchte bei den offiziellen Resolutionen der Gewerkschaften und bei den Klassikern des Sozialismus Hilfe, die Opposition blätterte alle diffamierenden Zitate gegen Andersdenkende auf. Von seinen alten Positionen während des Krieges nahm der angegriffene Vorsitzende kein

229 Emil Kloth: Die Anträge zum Verbandstag, in: Buchbinder-Zeitung, Jg. 35 (29. Juni 1919), Nr. 27.

230 Vgl. Protokoll der Verhandlungen des zehnten Kongresses der Gewerkschaften Deutschlands. Abgehalten in Nürnberg vom 30. Juni bis 5. Juli 1919, Berlin 1920, S. 376.

231 Die Resolution brachte der Berliner Kommunist Otto Gäbel ein. Sie richtete sich allerdings gegen den gesamten Vorstand und nicht nur gegen den Vorsitzenden. Diese Taktik erschwerte sichtlich die Akzeptanz des Misstrauensvotums. Vgl. Protokoll der Verhandlungen des 13. Verbandstages des Deutschen Buchbinder-Verbandes. Abgehalten in Würzburg vom 28. Juli bis 4. August 1919, Berlin 1920, S. 74.

Jota zurück. Die drohende Auslieferung der deutschen Arbeiterklasse an den französischen und britischen Imperialismus rechtfertige seine Haltung im Nachhinein vollständig.

Kloths rein gewerkschaftliche Arbeit geriet hingegen kaum in die Kritik. Seinen Kampf um Teuerungszulagen und die Verbesserung der Ernährungssituation würdigten sogar gemäßigte Oppositionelle. Wie standen nun die Chancen, Kloth abzuwählen? Wie groß war die Wahrscheinlichkeit, dass der Buchbinder-Verband dem »großen Bruder« Metallarbeiter-Verband bei der Aufarbeitung gewerkschaftlicher Kriegspolitik nacheifern und das Führungspersonal auswechseln würde? Die drei wichtigsten Buchbinderzentren Berlin, Leipzig und Stuttgart repräsentierten mittlerweile etwa drei Fünftel der Mitglieder. Die Delegierten aus diesen Städten neigten insgesamt der innergewerkschaftlichen Opposition zu. Das Wahlverfahren kam allerdings dem amtierenden Vorsitzenden zugute. Die Satzung bevorzugte bei der Mandatsvergabe die kleinen Buchbinderzentren in der Provinz, die aus alter Loyalität durchgängig besoldete Gauleiter und hauptamtliche Funktionäre wählten. Etwa 20 Prozent der Würzburger Delegierten bestanden aus hauptamtlich Angestellten. Im Übrigen spiegelte der Verbandstag die neue soziale Struktur des Verbandes nur höchst ungenügend wider. Drei Viertel der Mitglieder waren weiblich, bei den Delegierten stellten Frauen allerdings nur neun von 115 Delegierten.

Trotz der ungenügenden Präsenz kritischer Kräfte stand Kloths Wiederwahl – für alle Delegierten sichtbar – auf der Kippe. Vor allem seine regelmäßige Mitarbeit an bürgerlichen Blättern sorgte für eine Antistimmung gegen den amtierenden Vorsitzenden. Unerwartet bekam Kloth Unterstützung von 22 Angestellten und ehrenamtlichen Vorstandsmitgliedern des Verbandes. In leicht gedrechseltem Stil erklärten selbst gestandene »Kloth-Kritiker«, »daß sie im Verlaufe des Krieges im Vorstande, in den Gauleiterkonferenzen und an anderen Stellen die vom Kollegen Kloth ausgeübte gewerkschaftliche Tätigkeit im Interesse der Gewerkschaften im allgemeinen und im Interesse unseres Verbandes im besonderen als die allein mögliche und richtige bezeichnet und mehrfach in diesem Sinne beschlossen haben. Sie fühlten sich deshalb mit verantwortlich und stehen solidarisch mit dem Kollegen Kloth für die gefassten Beschlüsse ein.«[232] Diese Erklärung konnte kaum als machtvolle Unterstützung für den angefeindeten Vorsitzenden dienen, sollte sie doch vielmehr eigenes kriegsunterstützendes Handeln bemänteln.

Dennoch verbesserte eine gewisse Form der Einsicht (aus Überzeugung oder Opportunismus) die Chancen für Kloths Wiederwahl schlagartig. Andere Gewerkschafter hatten es vorgelebt: Heinrich Cunow tauchte sofort nach der Novemberrevolution von einer »rechten Außenseiterposition« in den gewerkschaftlich-sozialdemokratischen Mainstream der Nachkriegszeit ein.[233] Kloths Zugeständnisse an die Opposition blieben indes minimal. Der Rätebewegung zollte er seine Referenz: Als Gewerkschafter könne man nicht gegen industri-

232 Protokoll der Verhandlungen des 13. Verbandstages des Deutschen Buchbinder-Verbandes. Abgehalten in Würzburg vom 28. Juli bis 4. August 1919, Berlin 1920, S. 301.

233 Vgl. Robert Sigel: Die Lensch-Cunow-Haenisch-Gruppe. Eine Studie zum rechten Flügel der SPD im Ersten Weltkrieg, Berlin 1976, S. 101.

elle Mitbestimmung votieren. Ansonsten goss er bei jeder sich bietenden Gelegenheit Öl ins Feuer und überzog innerverbandliche Opponenten mit seinem gefürchteten Spott. Gleichwohl war er sich seiner Sache sehr sicher. Fast bewundernswert lautete der Tenor vieler Delegierter: Kloth sei sich selbst über die Kriegsniederlage hinaus treu geblieben.

In der »Zitatenschlacht« brachten vorgetragene Passagen aus der *Täglichen Rundschau* die Wende. Kloths Einschätzungen: »Deutsche Ministerpräsidenten vom Schlage des Kurt Eisner, Unterstaatssekretäre wie der Tscheche Kautsky und die politische Wetterfahne Bernstein hatten und haben nichts wichtigeres zu tun, als in allen Archiven nachzustöbern, um zu sehen, ob nicht in irgendeinem Winkel etwas für die Schuld Deutschlands am Kriege Belastendes zutage gefördert werden kann«[234], nur wenige Wochen vor dem Gewerkschaftstag veröffentlicht, waren letztlich für die Mehrheit der Delegierten nicht hinnehmbar. Die Entscheidung gegen Kloth kam jedoch aus der Mittelgruppe des Verbandstages. Gemäßigte hauptamtliche Funktionäre sahen ein, dass Kloth untragbar geworden war.

Der Hamburger Gauleiter Friedrich Küster, der Stuttgarter Gauleiter Karl Hemminger und der Hannoveraner Gauleiter Heinrich Kornacker machten Kloth mühselig klar, dass seine Wiederwahl aussichtslos war.[235] Die Mittelgruppe verfolgte eine geschickte Taktik. In einer eingebrachten Resolution segneten sie Kloths gewerkschaftliches Engagement während des Krieges ab, missbilligten allerdings seine journalistische Arbeit: »Der 13. Verbandstag ist mit der Haltung der Buchbinder-Zeitung in manchen Fällen während der Redaktionstätigkeit des Kollegen Kloth sowie auch mit dessen journalistischer Tätigkeit in bürgerlichen Blättern nicht einverstanden und kann sie nicht billigen.«[236] Gegen den Widerstand der harten linken Opposition nahm der Gewerkschaftstag den gemäßigten Tadel mit 54 gegen 42 Stimmen bei zwei Stimmenthaltungen an.[237] Der Kompromiss verhinderte augenscheinlich den vollständigen Sieg der Opposition. Ein weiterer Schachzug: Die Mittelgruppe stellte mit dem geachteten Verbandskassierer Eugen Haueisen einen neuen Vorsitzenden zur Wahl.

Wie reagierte Emil Kloth? In einer hochemotionalen Rede verzichtete er auf eine Kandidatur, um den Verband nicht in die Hände linksoppositioneller Kräfte fallen zu lassen. Tief gekränkt griff er – wenn auch für Außenstehende kaum zu erkennen – seine alten Gauleiter

234 Emil Kloth: Die Politik des Unbewußten, in: Tägliche Rundschau, Jg. 39 (29. April 1919), Nr. 209. Die Schriftleitung stellte Kloth wie folgt vor: »Wir geben hier jenem sozialistischen Mitarbeiter das Wort, der schon wiederholt in der ›Tgl. Rdsch.‹ Gastrecht gefunden hat.«

235 Diese Information hat sich durch einen glücklichen Zufall erhalten. In den von der Bibliothek der Friedrich-Ebert-Stiftung übernommenen Bibliotheksbeständen der Industriegewerkschaft Medien befinden sich in Jahrbüchern und Protokollen Postkarten, Notizzettel und ähnlich peripheres Material. Sie stammen augenscheinlich aus dem Besitz des späteren Vorsitzenden Eugen Haueisen. Im Protokoll des Würzburger Verbandstages hat sich auf einem kleinen Notizzettel folgende handschriftliche Bemerkung erhalten: »Kloth erklärte sich erst dazu bereit, sich nicht mehr zur Wahl zu stellen. Nachdem ihm die Kollegen Hemminger, Kornacker, Küster in langen Auseinandersetzungen klar gemacht hatten, daß seine Wiederwahl aussichtslos sei.«

236 Protokoll der Verhandlungen des 13. Verbandstages des Deutschen Buchbinder-Verbandes. Abgehalten in Würzburg vom 28. Juli bis 4. August 1919, Berlin 1920, S. 382.

237 Ebd., S. 302.

an, »die sehr schwankend in ihrer Haltung waren und die meinten, es müßte der Bannerträger der Idee fallen, auch wenn sein Programm angenommen sei«[238]. In seinen Grundfesten erschüttert, strich er seine Verdienste um den Verband heraus, stellte sich als Opfer dar und lehnte jede weitere Mitarbeit in der Gewerkschaft ab, »denn ein Mann, der so im Stich gelassen worden ist von seinen eigenen Freunden, der ist selbstverständlich nicht mehr fähig, für den Verband wirken zu können, wie es notwendig wäre«.

Bei der anschließenden Wahl siegte Haueisen mit 57 gegen 47 Delegiertenstimmen gegen den Berliner Kommunisten Otto Gäbel.[239] Zutiefst verletzt brach Kloth in kürzester Zeit jede Brücke zu seiner alten Gewerkschaft ab. In einer regelrechten Übersprunghandlung kündigte er alle gewerkschaftlichen Werte, die er bislang vertreten hatte, und verstand sich fortan als Außenpolitiker und Nationalist. Spätere Historiker sprachen von einer »ultrarechten Katharsis«[240]. Von ungeheurem Hass gesteuert und einem überbordenden Ich dominiert, reihte Kloth eine Provokation an die andere. Sein Ziel: der Ausschluss aus der Arbeiterbewegung.[241] Die Provokationen begannen mit einer »kleinen Dolchstoßlegende«. Kloth behauptete künftig, wegen seiner nationalen Einstellung abgewählt worden zu sein.[242] Erst als bekennender Nationalsozialist – als diese Haltung nicht mehr opportun erschien – strich er wieder seinen freiwilligen Verzicht auf das Gewerkschaftsamt hervor.[243] Mit der Nummer 35 vom 24. August 1919 erschien die letzte Ausgabe der *Buchbinder-Zeitung*, für die Kloth noch verantwortlich zeichnete.

Sofort nach dem Würzburger Verbandstag ersuchte Kloth den neu gewählten Vorstand, ihn von seinen vertraglich festgelegten Dienstpflichten zu entbinden und ihm das Gehalt bis Jahresende weiterzuzahlen. Dies entsprach der Satzung. Noch im August 1919 legte er dem Verband allerdings eine Überstundenrechnung von 9.000 zusätzlich geleisteten Stunden in den letzten 15 Jahren vor und verlangte 43.200 Mark Nachzahlung. Seine Forderungen beschäftigten Verbandsausschuss und Verbandsvorstand über Monate, ohne dass eine endgültige Einigung erzielt wurde. Sein Engagement in der Deutschen Volkspartei – verbunden mit heftigen Angriffen gegen die organisierte Arbeiterbewegung – gab der linksoppositionellen Berliner Zahlstelle die Möglichkeit, Kloths Ausschluss wegen gewerkschaftsschädigenden Verhaltens zu verlangen.[244] Kloth suchte dem Ausschluss zuvorzukommen und erklärte am 26. August 1919 seinerseits seinen Austritt. Das Konfliktszenario enthüllte er in den *Graphischen Stimmen*, dem christlichen Gewerkschaftsblatt, das er selbst jahrelang bekämpft

238 Ebd., S. 364ff.

239 Ebd., S. 367.

240 Karl Heinz Roth: Intelligenz und Sozialpolitik im »Dritten Reich«. Eine methodisch-historische Studie am Beispiel des Arbeitswissenschaftlichen Instituts der Deutschen Arbeitsfront, München 1993, S. 211.

241 Kloth hat zu den Provokationen ohne Wenn und Aber gestanden.Vgl. Kloth: Vorwärts und Prozeß Schweder-Jakobsohn, in: Tägliche Rundschau, Jg. 41 (23. Oktober 1921), Nr. 188.

242 Vgl. Emil Kloth: Dittmanns Enthüllungsschwindel. Nach Eingeständnis seiner Genossen, Berlin 1926, S. 46.

243 Vgl. Bundesarchiv Berlin VBS 47/2101064114 (Emil Kloth).

244 Vgl. Der Verband der Buchbinder und Papierverarbeiter Deutschlands im Jahr 1919. Bericht des Vorstandes, Berlin 1919, S. 11.

hatte. Dessen Redakteur Lorenz Sedelmayr publizierte Kloths Rundumschlag allerdings nur in stark gekürzter Form »unter Weglassung aller rein persönlicher Kritik«[245]. Damit war auch Kloths Intermezzo einer Zusammenarbeit mit den christlichen Gewerkschaften beendet.

Trotz des vorweggenommen Gewerkschaftsaustritts schloss der Verbandsvorstand Emil Kloth in der zweiten Maihälfte 1920 »zusätzlich« aus dem »Verband der Buchbinder und Papierverarbeiter Deutschlands« aus.[246] Von Stund an behandelte das Verbandsblatt den alten Vorsitzenden als Unperson. Sein Name erschien in keiner Veröffentlichung mehr, sein politischer Lebensweg blieb unkommentiert. Nur nach dem Tod des Reichspräsidenten wies der Redakteur Carl Michaelis 1925 eher apokryph auf Kloths Rolle im Ebert-Prozess in Magdeburg hin, ohne dessen Namen zu nennen.[247] Auch das Fraktionsblatt der kommunistischen Opposition *Graphischer Block* verlor kein Wort über die alte Reizfigur.

Ganz augenscheinlich herrschte unter den Buchbindern eine stille Übereinkunft, jenen Gewerkschaftsvorsitzenden totzuschweigen, der in der Zwischenkriegszeit den radikalsten Schwenk eines Gewerkschaftsführers ins rechte nationalistische Lager vollzogen hatte. Nur der Redakteur des Verbandsblattes der gewerkschaftlich organisierten Litografen und Steindrucker, Hans Ronnger, setzte sich in der *Graphischen Presse* einige Jahre mit Kloths Kampfschriften auseinander.

Auch die SPD schloss Kloth zügig aus. Als formaler Grund diente ein Artikel im September 1919 in der *Deutschen Tageszeitung*, dem Publikationsorgan des Alldeutschen Verbandes. Die Überschrift des Leitartikels war Programm: »Kusch dich, Deutscher!« Die Autorenschaft war provokativ gewählt: »Von einem Sozialdemokraten«. Damit das nationale Publikum nicht im Unklaren blieb, fügte der Autor in Klammern hinzu: Emil Kloth, bisher Vorsitzender des Deutschen Buchbinderverbandes.[248] Erstmals ließ Kloth seinem Antisemitismus freien Lauf. Sein Vorwurf: Der *Vorwärts* sei zu 25 Prozent mit Juden besetzt. Fazit: »Allein jedes Aufbäumen gegen den Philosemitismus, der sich im besonderen im ›Vorwärts‹ und im allgemeinen auch in der übrigen Parteipresse infolge des semitischen Einschlags und seiner Unduldsamkeit gegenüber anderen Anschauungen breit macht, gilt als Todsünde wider den heiligen Geist der Unterordnung unter die von Gott und rechtswegen eingesetzte Regierung durch das ausgewählte Volk.«[249]

Kloth wusste nur zu gut, dass dieser Artikel seinen Parteiausschluss bedeutete. Gewiss waren auch in sozialdemokratischen Zeitungen und Zeitschriften antisemitische Stereotypen durchaus verbreitet. Vor allem sozialdemokratische Satireblätter und Karikaturen konnten sich von bekannten »Judenbildern« nicht lösen.[250] Auch Auseinandersetzungen inner-

245 Emil Kloth: Wie es im Deutschen Buchbinderverband zugeht, in: Graphische Stimmen, Jg. 16 (7. August 1920), Nr. 32.

246 Vgl. Bekanntmachung des Verbandsvorstandes, in: Buchbinder-Zeitung, Jg. 36 (23. Mai 1920), Nr. 22.

247 Vgl. Buchbinder-Zeitung, Jg. 41 (8. März 1925), Nr. 11.

248 Vgl. Deutsche Tageszeitung, Jg. 26 (17. September 1919), Abendausgabe.

249 Ebd.

250 Vgl. Hans-Gerd Henke: Der »Jude« als Kollektivsymbol in der deutschen Sozialdemokratie 1890–1914, Mainz 1994, S. 76.

halb der Arbeiterbewegung wurden gelegentlich antisemitisch verbrämt. Kloth musste selbst gegen antisemitische Bilder angehen, als ihn der freigewerkschaftliche Sattlerverband »Auf dem Mühlendamm« wähnte.[251] Dennoch wehrten sich Sozialdemokraten in ihren offiziellen Organen mit Händen und Füßen gegen einen »aggressiven nationalistischen Diskurs mit rassistischer Unterfütterung«[252]. Noch im ersten Band seiner Verbandsgeschichte von 1910 sprach Kloth nur mit Verachtung über einen seiner frühen Vorgänger im Amt, August Päcke, der später ins Fahrwasser der Partei der Antisemiten geriet.[253]

Allerdings weisen viele biografische und autobiografische Texte darauf hin, dass antisemitische Witzeleien auch unter den gewerkschaftlichen Eliten im Schwange waren, auch wenn sie auf die persönliche Ebene beschränkt blieben.[254] Über viele Jahre hinweg würzte Kloth nun seine biografischen Hassartikel mit Hinweisen auf frühere antisemitische Äußerungen der Gewerkschaftsprominenz.[255]

Der verlorene Krieg, die Suche nach Sündenböcken gaben dem Antisemitismus in Deutschland auch unter den Arbeitern gewaltigen Auftrieb. Als Erster überschritt Kloths Gesinnungsgenosse August Winnig die Grenze. In seinen »Glossen zur Ratifizierung« sprach das sozialdemokratische Mitglied der Nationalversammlung in der *Glocke* bislang Ungehörtes aus. Den »nichtdeutschen Mitgliedern« gab der ehemalige 2. Vorsitzende des Bauarbeiterverbandes den Rat »sich in allen Fragen, die nationale Gefühle berühren, zurückzuhalten und darauf verzichten, dem deutschen Volks ihren Rat zu erteilen, wo ihnen durch ihre volksfremde Abstammung der Weg zum Verständnis für das Fühlen des Volkes versperrt ist«[256].

251 In der Auseinandersetzung ging es um Grenzstreitigkeiten zwischen dem Sattler-Verband und dem Buchbinder-Verband. Die Sattlergewerkschaft konfrontierte Kloth mit folgendem Vergleich: »Ein neuer Wiesenthal scheint in den Reihen des Buchbinderverbandes sein Unwesen zu treiben, nicht daß er beabsichtigt, seine eigenen Kreise zu stören, sondern er streckt seine Finger nach fremdem Hab und Gut aus.« (Sattler-Zeitung, Jg. 22 (6. November 1908), Nr. 23) In der antisemitischen Rhetorik wurden Juden gerne als »Mühlendammer« nach dem jüdischen Berliner Kleinhändlerviertel bezeichnet. Zur Antwort siehe E.K.: Zur Verschmelzung des Portefeuiller-Verbandes mit dem Sattlerverbande, in: Buchbinder-Zeitung, Jg. 24 (21. November 1908), Nr. 47.

252 Hans-Gerd Henke: Der »Jude« als Kollektivsymbol in der deutschen Sozialdemokratie 1890–1914, Mainz 1994, S. 67; vgl. auch Rosemarie Leuschen-Seppel: Sozialdemokratie und Antisemitismus im Kaiserreich. Die Auseinandersetzungen der Partei mit den konservativen und völkischen Strömungen des Antisemitismus 1871–1914, Bonn 1978.

253 Emil Kloth: Geschichte des Deutschen Buchbinderverbandes und seiner Vorläufer, Bd. 1, Berlin 1910, S. 182. Päcke gab später das *Journal für Buchbinderei* heraus. Zu seiner Person siehe auch Buchbinder-Zeitung, Jg. 6 (26. Juli 1890), Nr. 30.

254 Karlludwig Rintelen: Der David-Kreis und die linke Minderheit. Anmerkungen zum Problem des »Handlungsspielraums« der mehrheitssozialdemokratischen Führung bis 1918/1919, in: Internationale wissenschaftliche Korrespondenz zur Geschichte der deutschen Arbeiterbewegung (IWK), Jg. 26 (1990), H 1, S. 14–34, hier S. 30.

255 Kloths rasante Rechtsentwicklung lässt es in der Tat angemessen erscheinen, seine Aussagen mit größter Vorsicht zu genießen. Allerdings weisen auch seröse Autoren darauf hin, dass er über ein glänzendes Insiderwissen verfügte und viele seiner Aussagen »nicht gewichtlos« seien. Siehe Karlludwig Rintelen: Ein undemokratischer Demokrat: Gustav Bauer, Gewerkschaftsführer – Freund Friedrich Eberts – Reichskanzler. Eine politische Biographie, Frankfurt am Main 1993, S. 258.

256 August Winnig: Glossen zur Ratifizierung, in: Die Glocke, Jg. 5 (19. Juli 1919), Nr. 16, S. 500.

Genau auf diese Passage griff Kloth in seinem Artikel »Kusch dich, Deutscher!« zurück und stellte sich in die Tradition neuen Denkens nach dem verlorenen Krieg. Sofort nach Veröffentlichung des Artikels rief das sozialdemokratische Zentralorgan dazu auf, Kloth aus der Partei zu entfernen.[257] Statuarisch musste der Neuköllner Ortsverein die Entscheidung treffen. Ende September 1919 tagten die Genossinnen und Genossen des Arbeiterbezirks. Nach vollständiger Verlesung des Artikels aus der *Deutschen Tageszeitung* schloss der Ortsverein seinen alten Stadtverordneten – nach eigenen Worten gegen ein Minderheitenvotum von einem Drittel der Anwesenden – aus der Sozialdemokratischen Partei Deutschlands aus.[258] 1927 bekannte Kloth: »Wäre dieser Ausschluß nicht geschehen, so wäre meines Bleibens in der Partei sowieso nicht länger gewesen.«[259] Antisozialdemokratische Hetze und Antisemitismus dominierten alsbald Kloths gesamte publizistische Tätigkeit.

257 Der entsprechende Aufruf konnte im *Vorwärts* allerdings nicht verifiziert werden. Kloth hat ein Jahr später in der *Täglichen Rundschau* sehr detailliert über seinen Ausschluss berichtet.

258 Vgl. Emil Kloth: Vorwärts und Prozeß Schweder-Jakobsohn in: Tägliche Rundschau, Jg. 41 (23. Oktober 1921), Nr. 188.

259 Das Zitat findet sich in einem Artikel Kloths »Warum ich kein Sozialdemokrat mehr bin«, der im Januar 1927 in einem thüringischen Blatt der Deutschnationalen Volkspartei veröffentlicht wurde. Die genaue Zitatstelle ist nicht mehr zu verifizieren. Bundesarchiv Berlin R/8034/III, Nr. 241 Presseausschnittsammlung Reichslandbund (Emil Kloth).

Neue Heimat: Deutsche Volkspartei

Im Januar 1920 trat Kloth der Deutschen Volkspartei bei. Der Parteieintritt in die Nachfolgeorganisation der ehemaligen Nationalliberalen Partei ging Hand in Hand mit der Übernahme eines herausgehobenen Amtes: Noch vom selben Monat an fungierte Kloth als Generalsekretär bei der Berliner Reichsgeschäftsstelle. Vom Titel her strahlte das Amt mehr Macht aus, als es in der Realität besaß. Generalsekretär war faktisch ein »Allerweltstitel«, der viele Funktionäre auf regionaler und nationaler Ebene schmückte. Wer Kloth die Stelle beschaffte, kann nicht schlüssig beantwortet werden.[260] Vieles deutet auf die alten Verbindungen über die *Tägliche Rundschau* hin. Kloth, der publizistisch sein altes sozialdemokratisch-gewerkschaftliches Netzwerk fast tagtäglich enthüllte, blieb bei der Benennung seiner neuen Freunde völlig zugeknöpft. Dies sollte sich bis zu seinem Tod nicht ändern.

Die Lage der DVP zwischen der linksliberalen Deutschen Demokratischen Partei (DDP) und der nationalistisch orientierten Deutschnationalen Volkspartei (DNVP) blieb 1919 prekär. Lange schien es unklar, ob die Partei das Konkurrenzverhältnis mit anderen bürgerlichen Parteien würde überleben können. Sie blieb weitgehend von großkapitalistischen Sponsoren abhängig. Reichstagsmandate der Partei für die Reichstagswahlen 1920 galten de facto als käuflich. Der Großindustrielle Hugo Stinnes »erwarb« eines davon. Erst Ende 1919 konnte sich die Partei – programmatisch immer noch auf die Monarchie fixiert – konsolidieren und baute ihren hauptamtlichen Apparat großzügig aus. Die Zahl der Generalsekretäre und Geschäftsführer wuchs von 91 Beschäftigten im Oktober 1919 über 161 Personen auf den Höchststand von 197 hauptamtlichen Funktionären im Dezember 1921.[261] Die Partei litt an einem chronischen Mangel an geschulten Funktionären. Kloth als kampferprobter Neunationalist schien geradezu prädestiniert, eine Lücke zu schließen.

Im Gegensatz zur DNVP, die über einen Gewerkschaftsflügel aus dem protestantisch-christlichen Lager verfügte und entsprechende Gewerkschaftsabgeordnete auch ins Parlament entsandte, spielten Arbeiter in Kloths neuer politischer Heimat auf Leitungsebene faktisch keine Rolle. Nur kleine protestantische Splitter der christlichen Gewerkschaftsbewegung sahen sich in der DVP abgebildet. Zu ihnen gehörte der angesehene Vorsitzende des christlichen »Gewerkvereins der Krankenpfleger, -Pflegerinnen und verwandter Berufe Deutschlands«, Georg Streiter, der zeitweise im preußischen Landtag und im Reichstag saß.[262] Wenn in der DVP überhaupt von Arbeitereinfluss gesprochen werden kann, dann vom Einfluss wirtschaftsfriedlicher Organisationen, von den sozialistischen Gewerkschaftern

260 Vgl. Ludwig Richter: Die Deutsche Volkspartei. 1918–1933, Düsseldorf, 2002, S. 20. Die Quellenlage für die Partei ist desolat. Die Überlieferung im Bundesarchiv setzt faktisch erst 1928 ein.

261 Ebd., S. 170.

262 Zu Streiter vgl. Rüdiger Zimmermann: Georg Streiter, in: Biographisches Lexikon der ÖTV und ihrer Vorläuferorganisationen (http://library.fes.de/fulltext/bibliothek/tit00205/00205k07.htm#LOCE9E180, letzter Aufruf am 14.8.2014).

stets nur abwertend als »gelbe« Gewerkschaften tituliert.[263] Kloth bekam dennoch die Funktion zugeteilt, Arbeiter für die DVP zu gewinnen. Allerdings blieb nicht verborgen, dass es nicht um die Interessenvertretung von Arbeitern, sondern um die bloße Gewinnung von Arbeiterwählerstimmen ging. Noch 1920 legte Kloth eine umfangreiche Broschüre »Arbeiterschaft und Sozialdemokratie« mit reichem Dokumentenanhang vor. Sein Fazit: »Die Arbeiterschaft muss daher den Zwang abschütteln in Gewerkschaften, Genossenschaften, Krankenkassen, Gesang-, Turn- und Wandervereine, daß man deren Mitglieder verpflichten will, sich den sozialistischen Parteien anzuschließen.«[264] Der Arbeiter habe Wahlfreiheit. Im Anschluss an den 3. Parteitag der DVP vom 3. bis 4. Dezember 1920 trat in Nürnberg erstmals die Reichsarbeitertagung der DVP zusammen. Kloth argumentierte,dass die Partei nur im Arbeitermilieu Zugewinne verbuchen könne. Und: »Zur Gewinnung des Vertrauens der Arbeiter, zur Beratung der Partei und zur Bekämpfung der Sozialdemokratie im Parlament seien Arbeitervertreter in den Parlamenten nötig.«[265]

Kloths Appell nutzte wenig. Entsprechend blass blieben auf dem 4. Parteitag der DVP in Stuttgart im Dezember 1921 seine weiteren Vorschläge. Die von ihm angekündigte »in zwanglosen Fristen erscheinende Arbeiterrundschau«[266] blieb ein Wunschtraum. Kloth selbst konnte erfolgreich für seine neue Partei in die Neuköllner Bezirksversammlung einziehen. Die erstmaligen Wahlen zur Bezirksversammlung in Neukölln nach der Eingemeindung in ein neues Groß-Berlin fanden am 20. Juni 1920 statt. Die USPD verfehlte knapp die absolute Mehrheit (29 von 58 Sitzen). Kloths Partei erhielt sechs Sitze.

Durch das Urteil des Oberverwaltungsgerichts vom 16. Juni 1921 wurden Stadt- und Bezirksverordnetenwahlen für ungültig erklärt. Die Neuwahlen fanden am 16. Oktober 1921 statt. Danach zählte die neue Bezirksversammlung 61 Mitglieder, und zwar 45 Bezirksverordnete und 16 Stadtverordnete. Den Rechtsruck, der vor dem Arbeitermilieu nicht haltmachte, spiegelten die lokalen Ergebnisse wider. SPD und USPD behaupteten nur mit einer Stimme die absolute Mehrheit. Die Neuköllner DVP setzte ihren frischgebackenen Generalsekretär auf Platz drei der Liste. Als einer von sechs Abgeordneten zog er damit in die Bezirksvertretung ein. Wegen der sehr kargen Berichterstattung in den Verwaltungsberichten ist allerdings nicht ersichtlich, welche Abgeordneten die Parteien in die diversen Deputationen und Kommissionen entsandten. Kloths kommunale Rolle, auf die er mächtig stolz war, bleibt somit im Dunkeln.[267]

263 Vgl. Hans-Joachim Bieber: Gewerkschaften in Krieg und Revolution. Arbeiterbewegung, Industrie, Staat und Militär in Deutschland 1914–1920, Bd. 2, Hamburg 1981, S. 769.

264 Emil Kloth: Arbeiterschaft und Sozialdemokratie, Berlin 1920, S. 26.

265 Parteitag der Deutschen Volkspartei, in: Nationalliberale Correspondenz, Jg. 47 (6. Dezember 1920), Nr. 268.

266 Vgl. Vierter Parteitag der Deutschen Volkspartei in Stuttgart 1. und 2. Dezember 1921. o.O. o.J., ohne Paginierung.

267 Vgl. Erster Verwaltungsbericht der neuen Stadtgemeinde Berlin für die Zeit vom 1. Oktober 1920 bis 31. März 1924, H. 22: Verwaltungsbezirk Neukölln, Berlin o.J., S. 7. Mitteilung von Andreas Herbst, Gedenkstätte Deutscher Widerstand, vom 7. Oktober 2013. Die genauen Neuköllner Wahlergebnisse finden sich bei Andreas Splanemann: Die Entstehung der Berliner Demokratie nach dem Ersten Weltkrieg, Diss., Berlin 1991, S.413.

Dem ehemaligen Gewerkschaftsvorsitzenden ging es künftig nicht mehr um Repräsentanz eigenständiger Arbeiterinteressen in einer pluralistisch orientierten nationalliberalen Volkspartei. Er machte keinen Hehl daraus: Es ging ihm nur noch um die Schwächung des Einflusses der Sozialdemokratie und der freien Gewerkschaften. Größer hätte der Graben zu seiner »alten Welt« nicht sein können. Offen bekannte er sich zur Existenzberechtigung wirtschaftsfriedlicher Verbände, denen er sogar eine progressive Funktion zusprach, denn es sei »ganz zweifellos auch im Interesse der Arbeiterschaft gelegen, daß die Produktion ungestört vor sich gehen kann, und nicht durch fortwährende Streiks gestört wird«. Und als weitere Belehrung für evangelische Arbeitervereine, die sich in einer schwerindustriellen Partei wie der DVP nicht repräsentiert sahen: »Übrigens erklären die wirtschaftsfriedlichen Arbeiter die Verbesserung der Arbeiterlage auch als ihr Ziel und verwerfen nicht den Staat.«[268] Es gehöre heute – so der unter dem Sozialistengesetz Verurteilte – »ebenso viel Mut der wirtschaftsfriedlichen Gewerkschaftsbewegung das Wort zu reden«, als unter dem Sozialistengesetz sich zur Sozialdemokratie zu bekennen.[269]

Von Anfang an arbeitete Kloth journalistisch an der traditionsreichen *Nationalliberalen Correspondenz* mit, die ihren Titel und ihre Jahrgangszählung aus dem Kaiserreich übernommen hatte. Der neue Generalsekretär betrieb sozusagen »Feindbeobachtung« und wertete die sozialdemokratische Presse und die Gewerkschaftspresse aus, um der DVP propagandistisch Munition zu verschaffen. Streiks lehnte er konsequent ab.[270] Wenn er Sympathien für die freie Gewerkschaftsbewegung äußerte, dann nur, um einen Gegensatz zwischen Gewerkschaften und Sozialdemokratie zu konstatieren. Dies galt vor allem bei Reparationsfragen.[271]

Erlegte er sich in der offiziellen DVP-Korrespondenz noch eine gewisse Zurückhaltung auf, so lebte er seinen Hass gegen die alten Partei- und Gewerkschaftsfreunde in der bürgerlichen Presse ungebremst aus.

Kloth trat weiterhin in der *Täglichen Rundschau*, der *Deutschen Arbeitgeber-Zeitung* und der alldeutschen *Deutschen Tageszeitung* als Autor auf. Seine alten Funktionen trug er in den Blättern wie ein Panier vor sich her. Wechselweise firmierte er als »ehemaliger Vorsitzender des Deutschen Buchbinderverbandes«, als »ehemaliger Internationaler Sekretär« oder als »ehemaliger sozialdemokratischer Stadtverordneter von Leipzig und Neukölln«. Um sich ganz besonders herauszuheben, nutzte er als Autor gelegentlich auch geballt alle alten Funktionsbezeichnungen für einen einzigen Artikel. Kloth wusste natürlich um die Attraktivität

268 K.: Die evangelischen Arbeitervereine und die Deutsche Volkspartei in: Nationalliberale Correspondenz, Jg. 47 (28. Juni 1920), Nr. 140. Die Abkürzung K. als Autorenschaft Kloths ist verbürgt. Viele Beiträge, in denen er mit dieser Abkürzung zeichnete, enthalten wortwörtliche »Kloth-Zitate«.

269 Das Zitat stammt aus einem Artikel von Kloth »Strömungen in den Gewerkschaften«. Die Zitatstelle ist nicht mehr recht ersichtlich. Der Text befindet sich in der Zeitungsausschnittsammlung Emil Kloth im Bundesarchiv. Bundesarchiv Berlin R/8034/III, Nr. 241 Presseausschnittsammlung Reichslandbund (Emil Kloth).

270 Vgl. Kl.: Der unsinnige Metallarbeiterstreik und der »Vorwärts«, in: Nationalliberale Correspondenz, Jg. 48 (31. Mai 1921), Nr. 102.

271 Vgl. Kl.: Die sozialistischen Gewerkschaften gegen die Erfüllungspolitik, in: Nationalliberale Correspondenz, Jg. 49 (18. April 1922), Nr. 74.

seiner Herkunft für das bürgerliche und rechte Lager. Er lebte faktisch davon und strich seine Herkunft immer wieder pointiert heraus: »Ich bin nicht nur der frühere Buchbinder Kloth, sondern auch der frühere Vorsitzende des Deutschen Buchbinderverbandes, der frühere Mitarbeiter der Wochenschrift der deutschen Sozialdemokratie ›Die Neue Zeit‹, der ›Sozialistischen Monatshefte‹, der Chemnitzer ›Volksstimme‹ – auch des ›Vorwärts‹ und der Gewerkschaftspresse, sowie Delegierter auf zahlreichen internationalen und deutschen Partei- und Gewerkschaftstagungen. Und weil dem so ist, weil ich dadurch eine ausgiebige Sach- und Personenkenntnis erworben und hinter den Kulissen so manches kennengelernt habe, darum die Wut des ›Vorwärts‹ und der Gewerkschaftspresse und sein Bestreben mich totzuschlagen oder moralisch totzuschlagen, wenn ich des öfteren mit fester Hand in das Wespennest des internationalen Schieber- und Revolutionsgewinnlertums hineingreife.«[272]

Faktisch kreisten alle Artikel des alten Gewerkschaftsfunktionärs um den Krieg, die Schuld am Kriegsausbruch, den Kriegsverlauf, die Niederlage, den Friedensschluss und die auferlegten Reparationszahlungen. Der Krieg und seine Folgen bestimmten bis zum Lebensende Kloths Denken und Handeln. In seiner Argumentation unterschied er sich nur graduell vom nationalen und nationalistischen Mainstream. Der Krieg – so Kloths Argumentationsmuster – sei Deutschland aufgezwungen worden, es habe sich um eine reine Notwehrmaßnahme gehandelt. Schuld seien »die anderen«. Der siegreiche Feldzug des deutschen Heeres mit seinen tapferen Soldaten aus der Arbeiterklasse sei nur durch Verrat der Heimatfront verhindert worden. Gewerkschaftsführer und die Führer der Sozialdemokratie trügen die Hauptschuld an der Niederlage. Ihr »Dolchstoß« habe sich für sie mannigfaltig ausgezahlt. Als Profiteure säßen sie nun an der »Futterkrippe«. Ihr besonderes Markenzeichen: korrupt und käuflich. Statt den Versailler Schandfrieden leidenschaftlich zu bekämpfen, fügten sich die Profiteure der Novemberrevolution ausländischen Interessen. Hauptleidtragende seien die deutschen Arbeiter mit ihren Familien. Kloth glaubte, deren »Tributpflichtigkeit« wirke sich auf jeden Arbeiterhaushalt aus. Als verborgene Triebkräfte hinter der nationalen Erniedrigung identifizierte er jüdische, volksfremde Intellektuelle.

Interessanterweise galten Kloths Aggressionen nur den »rechten Sozialdemokraten« und den Gewerkschaftsführern, denen er über Jahre aufs Engste verbunden war. Nähe schlug in kürzester Zeit in Hass um. Unabhängige Sozialdemokraten und Kommunisten ließ der neue DVP-Funktionär regelrecht »links liegen«. Manchmal sprach er fast mit einer gewissen Hochachtung von den ehemaligen Genossen und Genossinnen, die nach wie vor zu ihren alten Ansichten standen.[273] Im nationalen Chor ließ Kloth eine ganz spezielle Stimme erklingen. Ihm war es wichtig, die besonders verderbliche Rolle jüdischer Mitglieder in der Sozialde-

272 Das Zitat stammt aus einem Artikel Kloths »Der ›Vorwärts‹ als Beschützer der Rosstäuschermoral«. Die Zitatstelle ist nicht mehr recht ersichtlich. Der Text befindet sich in der Zeitungsausschnittsammlung im Bundesarchiv. Bundesarchiv Berlin R/8034/III, Nr. 241 Presseausschnittsammlung Reichslandbund (Emil Kloth).

273 Vgl. Emil Kloth: Der Barmatbazillus. Zur Naturgeschichte der deutschen Revolution, in: Der Weltkampf. Monatsschrift für Weltpolitik, völkische Kultur und die Judenfrage aller Länder, Jg. 4 (April 1927), H. 40, S. 9.

mokratie herauszustreichen. Dieses journalistische Credo entwickelte er über viele Jahre zu seinem besonderen Markenzeichen. Wenige Jahre vorher noch von der Gleichheit aller, die Menschenantlitz trugen, überzeugt, blieb von dieser Ethik nach dem Krieg nichts übrig. Die mangelnde Überlieferung privater Quellen, die Gefühle offenbaren, macht es schwer und auch gefährlich, diesen radikalen Kurswechsel analytisch zu deuten. Einige Fingerzeige geben Kloths ungewöhnliche Ausflüge in die Kultur, wobei er über die moralische Verlotterung der von Juden geführten deutschen Bühnen klagt. Die Bedeutung sexueller Repression und Hass auf abverlangten Triebverzicht für eine antisemitische Grundhaltung wird in diesen Passagen schemenhaft deutlich. Am aufschlussreichsten sind in dieser Hinsicht die beiden biografischen Beiträge Kloths über Luise Zietz und Clara Zetkin im DVP-Blatt *Das freie Wort*, die ein völlig gestörtes Verhältnis zu Frauen offenbaren.[274]

Quasi als antisemitisches Eintrittsbillet in die DVP überreichte Kloth 1920 zwei Broschüren. Beide Werke erschienen im Deutschen Volksverlag, der 1919 als Ausgründung aus dem Verlag J.F. Erdmann speziell für aggressiv antisemitische Propaganda ins Leben gerufen worden war. Prominente Nazis ließen im Deutschen Verlag ihre ersten Versuchsballons steigen. Wer Kloth den Weg nach München öffnete, bleibt unklar. 1920 legte er im Verlag einen persönlichen Rechenschaftsbericht vor: »Einkehr. Betrachtungen eines sozialdemokratischen Gewerkschafters über die Politik der deutschen Sozialdemokratie«. Das Vorwort datiert kurz vor seinem Parteiausschluss (August 1919). Es scheint allerdings, als habe er das Kapitel »Der Einfluß der Juden und Ausländer in der Sozialdemokratie« anschließend zusätzlich verschärft. Tenor auf mehr als 150 Seiten: Die Arbeiterbewegung muss national ausgerichtet sein. Nur ein starkes Reich und eine machtvolle Außenpolitik garantierten Wohlstand für die Arbeiter. Dies waren Thesen, die während des Krieges durchaus mehrheitsfähig gewesen waren. Kloth blieb ihnen nach Kriegsende treu und entwickelte sie weiter. Große Wirkungsmächtigkeit erlangte das Werk – ohne dass Kloth dies zunächst beabsichtigte – durch die Schilderung von Details aus der Vorständekonferenz der Gewerkschaften. Friedrich Ebert sei im Januar 1918 in die Streikleitung des Munitionsarbeiterstreiks eingetreten, um eigene Interessen zu verfolgen. Unerträglich für seine alten Kampfgefährten dürfte der antisemitische Ton gewesen sein: »Gewiß ist es ein eigenartiges Volk dieses Judentum. Wie Zigeuner von unwiderstehlichem Wandertrieb beseelt durch die Jahrtausende schweifen, so hat es im brudermörderischen Kampf von Kain an erst im Stammlande sich selbst zerfleischt und dann in ewiger Unrast durch Jahrtausende hindurch die Völker, bei denen es zu Gast wohnte und wo es zu Einfluß gelangte, mit Zersetzung erfüllt.«[275] Dieses Interpretationsmuster hatte sich Kloth natürlich nicht aus den Fingern gesogen. Vielmehr deuteten die antisemitischen Ausfälle darauf hin, wie eng seine Beziehungen während des Krieges zu antisemitischen nationalistischen Kreisen gewesen sein müssen, in denen diese Art der »Geschichtsauffassung«

274 Vgl. Emil Kloth: Sozialdemokratie und Judentum München 1920, S. 8. Das freie Wort, Jg. 4 (1. Januar 1922), Nr. 1.

275 Emil Kloth: Einkehr. Betrachtungen eines sozialdemokratischen Gewerkschafters über die Politik der deutschen Sozialdemokratie, München 1920, S. 116.

gepflegt und verfeinert wurde. Die antisemitischen Instrumente und Werkzeuge lagen bereit. Dafür hatten jahrzehntelang bürgerliche Nationalisten gesorgt. Kloth musste sich ihrer nur noch bedienen.

Der große Erfolg von »Einkehr« beeindruckte seinen Verleger. Er ermunterte seinen neu gewonnenen Autor, sein antisemitisches Kapitel auszubauen.[276] In kürzester Zeit legte Kloth das erbetene Manuskript vor: »Sozialdemokratie und Judentum«. Schon die Zwischenüberschriften signalisierten, der Dolchstoß sei von jüdischen Sozialdemokraten gekommen: »Die Angst vor dem deutschen Sieg«, »Wie der Landesverrat betrieben wurde«, »Die Macher der Revolution«, »Die Unterwerfung unter den Schmachfrieden«. Jüngste deutsche Geschichte verknüpfte der Neu-Antisemit verschwörerisch mit den langen Wellen der Menschheitsgeschichte: »Der Einfluß der Juden auf die Sozialdemokratie ist so nur zu verstehen im Zusammenhang mit der wachsenden Macht des Judentums im allgemeinen.«[277] Die Folge: »Blutfremde Art wird eben von anderen Instinkten geleitet, von anderem Wollen getrieben als eigenwüchsiger Volksschlag.«[278] »Polnisch-jüdische Sudelfritzen« oder »größenwahnsinnige Literaturzigeuner« waren fast noch liebenswürdige Bezeichnungen für ehemalige jüdische Mitstreiter. Wie in allen anderen literarischen Abrechnungen mit der Sozialdemokratie und der Gewerkschaftsbewegung verknüpfte Kloth seine Analysen mit vielen hasserfüllten autobiografischen Bezügen zu den alten Verbündeten aus der Kriegszeit.

Wie reagierte nun die Deutsche Volkspartei auf die antisemitischen Machwerke ihres Generalsekretärs? Der Schriftleiter der *Nationalliberalen Correspondenz*, Dr. Hans Laßbiegler, ein gelernter Germanist, besprach »Einkehr« im Juli 1920. Er lobte das Oeuvre seines engsten Mitarbeiters über den grünen Klee als bedeutendes Dokument für die Loslösung aufgeklärter Arbeiter von der SPD.[279] Kloths antisemitische Ausfälle erwähnte er mit keinem Wort. Auch in der Partei Gustav Stresemanns war der aggressive Antisemitismus vom rechten Rand in die Mitte gelangt. Christliche Gewerkschafter tadelten Kloths Judenhass ebenfalls mit keinem Wort.[280]

Kloths Leib- und Magenblatt – die *Tägliche Rundschau* – durchlief 1921 gewisse redaktionelle Veränderungen. Der Chefredakteur und Förderer Kloths, Heinrich Rippler, war gezwungen, das Blatt zu verlassen. Mit Rippler ging ein Großteil der Redakteure.[281] Auch Kloth hatte sich 1921 bereits nach neuen Wirkungsmöglichkeiten umgesehen. Er fand eine neue publizistische Plattform in der Essener Wochenzeitung *Das freie Wort. Unabhängige nationale Zeitung für Jedermann*. Die Zeitung erschien ab Januar 1919, sah sich als Interessenvertretung des deutschen Bürgertums und plädierte zunächst für ein enges Zusammengehen

276 Vgl. Emil Kloth: Sozialdemokratie und Judentum, München 1920, S.4.
277 Ebd., S. 6.
278 Ebd., S. 20.
279 Vgl. Dr. L.: Politische Literatur. Einkehr, in: Nationalliberale Correspondenz, Jg. 47 (9. Juli 1920), Nr. 150.
280 Vgl. Vom Saulus zum Paulus, in: Graphische Stimmen, Jg. 16 (29.Mai 1920), Nr. 22.
281 Vgl. Joachim Pöhls: Die »Tägliche Rundschau« und die Zerstörung der Weimarer Republik 1920 bis 1933, Diss., Münster 1975, S. 27.

von DVP und DNVP.[282] Spätestens ab 1920 fungierte *Das freie Wort* als offiziöses Sprachrohr der Deutschen Volkspartei. Die DVP-Reichstagsabgeordnete Clara Mende nutzte das Essener Blatt häufig zur Propagierung ihres konservativen Frauenbildes. Fanden sich Anfang 1919 noch moderate Stimmen in der Zeitung, die dem aufkommenden Antisemitismus entgegentraten, glitt sie alsbald in antisemitisches Fahrwasser ab. Zu den Lotsen des neuen Kurses zählte Emil Kloth, der Anfang 1921 als freier Mitarbeiter antisemitische und antisozialdemokratische Beiträge beisteuerte. Wer ihm die neue publizistische Wirkungsmöglichkeit in Essen eröffnete, ließ sich nicht ermitteln.

Im Essener Blatt kultivierte Kloth sein journalistisches Format, ausschließlich in biografischen Beiträgen seine Attacken gegen die alten Gesinnungsgenossen vorzutragen. Eine Abrechnung mit dem ehemaligen Volksbeauftragten Emil Barth, einem alten Neuköllner Kollegen, nutzte er, um vom Mord am Reichsminister Matthias Erzberger abzulenken: »Die Unschuldslämmer! Sie stellen sich, als wenn sie noch niemandem das Wasser getrübt, als ob sie noch niemals reißende Wölfe gewesen und zur Massenabschlachtung des Bürgertums aufgefordert hätten.«[283] Drohende Prozesse umging Kloth geschickt: Das Wort »Landesverrat« vermied er zunächst und sprach stattdessen von »fremdstämmigen, landesverderblichen Leuten«[284], um die Rolle von Juden in der Arbeiterbewegung zu diffamieren.

Ob Versehen oder nicht: In seiner spektakulär aufgemachten Serie »Von den neuen Majestäten« verwandte Kloth schließlich doch das Wort »Landesverrat«. Seine Attacke galt Rudolf Breitscheid, den er als ehemaligen Liberalen und späteren sozialdemokratischen Antikriegsoppositionellen journalistisch regelrecht verfolgte. In seiner typischen Rabulistik legte Kloth im Oktober 1921 los: »Als Breitscheids Glanzleistung auf dem Gebiete des Landesverrats kann man aber seine Veröffentlichung der bekannten vertraulichen Denkschrift wirtschaftlicher Verbände vom Jahr 1915 an den Reichskanzler in der ganzen feindlichen Presse bezeichnen, in der zur Sicherung unserer Grenzen und Zukunft Annexionen empfohlen werden. Sie war durch Vertrauensbruch in Breitscheids Hände gelangt, ihre Veröffentlichung mit entsprechendem aufreizenden Kommentar erregte seinerzeit ungeheures Aufsehen in der ganzen Welt. Diese Tat mag Herrn Breitscheid ein schönes Stück Geld eingetragen haben.«[285] Der USPD-Abgeordnete wartete geradezu auf einen Klagegrund. Der Prozess zog sich allerdings lange hin und erreichte beträchtliche Resonanz.[286]

Breitscheid ließ sich vom Verteidiger Rosa Luxemburgs, dem Parlamentsabgeordneten Kurt Rosenfeld, vertreten. Eduard Bernstein trat zugunsten Breitscheids als Sachverständiger im Prozess auf. Die 4. Strafkammer des Berliner Landgerichts verwies die Klage zunächst an

282 Vgl. Das freie Wort, Jg. 1 (8. Januar 1919), Nr. 1.

283 Emil Kloth: Aus dem roten Sumpf. Der »Volksbeauftragte« Emil Barth und seine Spießgesellen, in: Das freie Wort, Jg. 3 (4. September 1921), Nr. 23.

284 Emil Kloth: Der Sozialismus der dummen Kerle, in: Das freie Wort, Jg. 3 (20. Februar 1921), Nr. 8.

285 Emil Kloth: Von den neuen Majestäten. 1. Breitscheid, in: Das freie Wort, Jg. 3 (23. Oktober 1921), Nr. 43.

286 Zur Reaktion des Beklagten: Emil Kloth: Breitscheid läuft zum Kadi, in: Das freie Wort, Jg. 3 (27. November 1921), Nr. 48; Emil Kloth: Mosjö Breitscheid, in: Das freie Wort, Jg. 4 (8. Januar 1922), Nr. 2.

den Leipziger Staatsgerichtshof, um prüfen zu lassen, ob Breitscheid in seiner Funktion als ehemaliger Preußischer Innenminister angegriffen worden sei. Das Leipziger Gericht wies die Klage an das Berliner Landgericht zurück. Kloth trat im Prozess aggressiv und selbstbewusst auf. Ihm sekundierte als Gutachter der Herausgeber der *Preußischen Jahrbücher* und spätere Mitbegründer des »Deutschen Herrenclubs« Walther Schotte. Im Prozess stand Breitscheid phasenweise mit dem Rücken an der Wand. Kloth hielten die Richter zugute, »daß er geglaubt habe, was er gesagt habe«. Breitscheid bekam Recht. Mit 500 Mark fiel die Strafe für Kloth indes vergleichsweise milde aus.[287]

Kloth konnte mit dem Ausgang des Prozesses zufrieden sein. In seinem neuen politischen Umfeld erhöhte der Prozessausgang sein Prestige beträchtlich. In den kommenden Jahren legte er es geradezu darauf an, verklagt zu werden. Verurteilungen stellte er stolz in eine Reihe mit seinen Strafen als aufrechter Partei- und Gewerkschaftsfunktionär. Selbst in der DVP stand Kloth nun auf dem äußersten rechten Flügel. Sein Ende als hauptamtlicher Funktionär war indes nicht seiner politischen Anschauung geschuldet. Die rasante Geldentwertung brachte auch die Deutsche Volkspartei in große Schwierigkeiten. Sie musste sich von einem Teil ihres Apparates trennen: Im Januar 1923 wurde Kloth entlassen. Stolz schob der Entlassene einige Monate später Teile seiner Beurteilung öffentlich in der Presse nach: »unermüdlicher Fleiß, peinliche Gewissenhaftigkeit, Redner von sehr gründlicher Sachkenntnis, treue Kameradschaft«[288].

287 Vgl. Der gestäupte Renegat. Die Verleumdungen des Herrn Kloth, in: Freiheit, Jg. 5 (28. September 1922), Nr. 347; Volksparteiliche Verleumdungen. Beleidigungsprozeß Breitscheid-Kloth, in: Vorwärts, Jg. 39 (29 September 1922), Nr. 460.

288 Emil Kloth: Wie die »Berliner Volkszeitung« ihre Leser anlügt, in: Deutsche Tageszeitung, Jg. 28 (31. August 1923), Nr. 401.

Weiter nach rechts: Deutschnationale Volkspartei

Trotz dessen Entlassung ließ das politische Umfeld Kloth nicht fallen. Gleich im Januar 1923 erhielt er eine Anstellung im technischen Büro der Großbuchbinderei Wübben & Co. in Berlin.[289] Der Arbeitsvertrag währte bis 31. August 1924. Die 1900 gegründete Firma Wübben & Co. zählte neben der Berliner Großbuchbinderei Lüderitz & Bauer zu den expandierenden Unternehmen in der Hauptstadt, die sich mit qualitätsvoller Massenproduktion einen Namen gemacht hatte. 1904 setzte Wübben & Co. als erste Firma eine Deckenmach-Maschine ein. Ob Kloth enge politische Kontakte zum Inhaber Georg Wübben pflegte oder ob er »vermittelt« wurde, bleibt offen. Geschäftliche Beziehungen zur Firma bestanden seit 1910; Kloth hatte die beiden prächtigen Bände seiner Geschichte des Deutschen Buchbinder-Verbandes bei Wübben & Co. binden lassen.

Kloth fand rasch eine neue publizistische Heimat. Seit Anfang 1924 gab Emil Unger(-Winkelried) das Wochenblatt mit dem provokanten Titel *Der Deutsche Vorwärts* heraus. Der Untertitel gab näheren Aufschluss: *Wochenblatt für Wirtschaft und Arbeit. Organ für nationalgesinnte Arbeiterführer.* Von der Typografie sah das Blatt dem sozialdemokratischen *Vorwärts* täuschend ähnlich. Allerdings trennten beide Publikationen Welten. Um den Unterschied drastisch zu dokumentieren, nannten die national gesinnten Autoren das sozialdemokratische Zentralorgan nur »galizischer Vorwärts«. Wer stand hinter dem Blatt? Wer förderte es? Die Zeitung war von dem gelernten Sattler und Tapezierer Emil Unger gegründet worden. Unger – langjähriger *Vorwärts* Redakteur – hatte 1920 aus den gleichen Gründen wie Kloth mit der Sozialdemokratie gebrochen. Beide standen während des Krieges der Lensch-Cunow-Haenisch-Gruppe nahe. Mit ökonomischer Unterstützung eines betuchten Stabsoffiziers hob der gebürtige Elsässer das *Arbeiter-Kampfblatt* aus der Taufe, das der SPD wehtat.[290] Unger schrieb unter einer Fülle von Pseudonymen – von Lieselotte Sanftmut bis Arnold Winkelried –, ehe er sich auf Druck des sozialdemokratischen *Vorwärts* zu all seinen Artikeln unter dem Namen Unger-Winkelried bekannte. Unger hat die Geschichte seines publizistischen Schaffens gut dokumentiert. 1934 veröffentlichte er seine Autobiografie »Von Bebel bis Hitler«, die wegen ihres reißerischen Titels alsbald einem Verbot anheimfiel und erst 1935 unter dem farblosen Titel »Ich bekenne. Lebenserinnerungen eines Sozialdemokraten« wieder legal in den Buchhandel kam.[291]

289 Vgl. Bundesarchiv Berlin BS 47/2101064114 (Emil Kloth).

290 Vgl. E. Unger-Winkelried: Von Bebel zu Hitler. Vom Zukunftsstaat zum Dritten Reich. Aus dem Leben eines sozialdemokratischen Arbeiters, Berlin 1934, S. 108. Den Namen des Geldgebers nannte Unger nicht.

291 1932 avancierte Unger zum Archivleiter der preußischen Landtagsfraktion der NSDAP. Ab 1934 wirkte er als Leitartikler der Zeitschrift *Der Betrieb. Führer- und Informationsorgan der NSBO*, ehe sich sein Lebensweg wieder mit Emil Kloth in der Deutschen Arbeitsfront (DAF) kreuzte.

Treffend war die Selbstdarstellung des Blattes: »›Der Deutsche Vorwärts‹ ist das Blatt ehemaliger Sozialisten, die die internationale Illusionspolitik nicht mehr mitmachen und sich zur ›Vereinigung nationalgesinnter Arbeiterführer‹ zusammenschlossen.« Eine unterstellte Parteibildung lehnten die Macher konsequent ab. 1927 hieß es: »Die Vereinigung bleibt, was sie zu Beginn war: eine streng neutrale zwanglose Vereinigung von Persönlichkeiten, die innerlich vollkommen mit der Sozialdemokratie und den sozialistischen Ideen gebrochen haben.«[292]

Zu den engsten Mitarbeitern zählte der ehemalige Leiter des SPD-Parteiarchivs Ernst Drahn, der nach der Novemberrevolution ein kurzes Gastspiel bei der KPD gab.[293] Weitere Beiträge steuerten bei: Arno Franke, ehemaliger Redakteur an der *Neuen Zeit* und späterer Schriftleiter des *Firn. Sozialistische Rundschau über das politische, wirtschaftliche und kulturelle Leben*, der sich 1924 mit einer Schrift über den »Zerfall der Sozialdemokratie« geoutet hatte. Artur Zickler hatte 1918 bis 1919 seine literarischen Sporen beim *Vorwärts* verdient. Aus seiner Feder stammte das berühmt-berüchtigte im *Vorwärts* veröffentlichte Gedicht »Das Leichenhaus«, oft als Aufforderung interpretiert, die Führer des Spartakusaufstandes totzuschlagen.[294] Einen guten Namen in der Sozialdemokratie hatte sich auch Alexander Conrady gemacht, der im Parteiverlag J.H.W. Dietz Nachf. Standardwerke zur mitteleuropäischen Revolutionsgeschichte beisteuerte. Zu den Prominenten kam eine Reihe weiterer Mitarbeiter aus dem zweiten Glied der Sozialdemokratie. Allerdings stammte die Masse der Titel des Kampfblattes von Unger selbst. Die Bezeichnung »Renegaten« führte die Gruppe als Ehrentitel. Unger hofierte Kloth und bezeichnete ihn gerne als den Nestor der Gruppe. Über Jahre publizierte dieser in der Regel einen Beitrag pro Blatt und beteiligte sich auch am Aufbau einer nationalen Arbeiterschule.

Kloth rechnete zunächst mit der Deutschen Volkspartei ab und warnte seine alten Parteifreunde nachdrücklich, sich im Parlament zu eng an die SPD zu binden.[295] Als Konsequenz trat er im März 1924 der Deutschnationalen Volkspartei (DNVP) bei und wechselte als Bezirksvertreter die Fraktion.[296] 1925 stellte die DNVP Kloth als Bezirksvertreter für die Kommunalwahlen auf. Auf dem 5. Platz der DNVP-Liste (interessanterweise mit der Berufsbezeichnung »Gewerkschaftssekretär«) wurde er auch gewählt. Gemeinsam mit der DVP und der rechtsradikalen Deutschvölkische Freiheitspartei bildete Kloth mit seiner Partei in Neukölln eine Fraktionsgemeinschaft. 1929 – diesmal mit der bescheidenen Berufsangabe Buchbinder – gelang ihm ebenfalls der problemlose Einzug in die Bezirksvertretung für eine zusätzlich erstarkte DNVP.[297]

292 Der Deutsche Vorwärts, Jg. 4 (1927), Nr. 30.

293 Vgl. Peter Gohle: Ernst Drahn (1873–1944), in: Günter Benser/Michael Schneider (Hrsg.): Bewahren – Verbreiten – Aufklären, Bonn-Bad Godesberg 2009, S. 58–63.

294 http://de.wikipedia.org/wiki/Artur_Zickler, letzter Aufruf am 14.8.2014.

295 Vgl. Emil Kloth: Nach der Wahl, in: Deutscher Vorwärts, Jg. 1 (1924), Nr. 11.

296 Vgl. Bundesarchiv Berlin VBS 47/2101064114 (Emil Kloth).

297 Vgl. Verwaltungsbericht der Stadt Berlin 1924–1927 (1. April 1924 bis 31 März 1928). H. 22: Verwaltungsbezirk Neukölln, Berlin 1931, S. 7. Die erstarkte DNVP erhielt im Arbeiterbezirk in Neukölln ca. 20 Prozent

Kloths Sprache im *Deutschen Vorwärts* radikalisierte sich von Ausgabe zu Ausgabe. Unger wies 1934 stolz darauf hin: Der *Deutsche Vorwärts* habe den Nationalsozialisten das Feld bestellt.[298] Und in der Tat: Der *Deutsche Vorwärts* diente als Vorfluter für die kommende nationalsozialistische Welle. Kennzeichen vieler Artikel war ein aggressiver völkischer Nationalismus, der sich von den alten bürgerlichen Eliten distanzierte, ungeniert von »Raumgewinn« träumte und auf die Arbeiter in einem kommenden autoritären Staat setzte. Für den italienischen Faschismus fand Kloth viele schmeichelhafte Worte.[299]

Seinen Einstand im *Deutschen Vorwärts* gab Kloth in der ersten Nummer mit einem Artikel über »Eberts Rolle beim Munitionsarbeiterstreik«. Nachdrücklich wies er auf sein antisozialdemokratisches Erstlingswerk »Einkehr« hin. Die bereits 1920 unterbreiteten Details würzte er mit einigen zusätzlichen Enthüllungen über die angeblich landesverräterische Rolle des damaligen SPD-Parteivorsitzenden beim Eintritt in die Leitung des Munitionsarbeiterstreiks im Januar 1918. Kloths Warnung: »Mögen die Herren jetzt vielleicht bedauern, was sie damals verbrochen haben. Als warnendes Zeichen für alle Zukunft darf es nicht der Vergangenheit anheimfallen, zumal an der Spitze der sozialdemokratischen Partei noch immer ein Mann steht, der kein Vaterland kennt, das sich Deutschland nennt.«[300]

Kloths Aktivitäten hatten viel mit der nationalistischen Erstarkung zu Beginn der relativen ökonomischen Stabilisierung zu tun. 1924 sah sich der Reichspräsident Friedrich Ebert mit einer Flut heftigster Beleidigungen aus dem nationalistischen Lager konfrontiert. Das Staatsoberhaupt trat diesen auf dem Gerichtsweg entgegen. Der Ebert-Biograf Walter Mühlhausen meinte treffend: »Die in den Augen der rechten Republikgegner in der Anfangszeit der Republik latente Gefahr des ›Bolschewismus‹ war gebannt. Von daher brauchte man den Sozialdemokrat und Reichspräsident Friedrich Ebert nicht mehr im antikommunistischen Abwehrkampf.«[301] Kloth suchte auf der Welle nationalistischer Beschuldigungen gegen Ebert zu reiten und wiederholte die im *Deutschen Vorwärts* erhobenen Vorwürfe in mehreren Provinzblättern. 1923 hatte er bereits vor dem Leipziger Staatsgerichtshof wegen des Munitionsarbeiterstreiks ausgesagt. Allerdings vergeblich: Seine Aussage hatte die Verurteilung eines rechten Redakteurs nicht vehindert.[302]

Mit einem offenen »Brief an Ebert« versuchte Kloth, im Spiel zu bleiben. Gespickt mit süffisanten Bemerkungen über Eberts Bekenntnis zum Katholizismus, verglich er frühere

der Stimmen und überflügelte die DVP deutlich. Vgl. Verwaltungsbericht für die Zeit vom 1. April 1932 bis 31. März 1936 mit einem Rückblick auf die Jahre 1928 bis 1931, Berlin 1937, S. 8. Mitteilung von Andreas Herbst, Gedenkstätte Deutscher Widerstand, vom 7. Oktober 2013.

298 Vgl. E. Unger-Winkelried: Von Bebel zu Hitler. Vom Zukunftsstaat zum Dritten Reich. Aus dem Leben eines sozialdemokratischen Arbeiters, Berlin 1934, S. 119: »Und das Propagandaministerium bestätigte erst vor kurzem, daß der ›Deutsche Vorwärts‹ in seiner Art Wegbereiter der nationalsozialistischen Revolution gewesen sei.«

299 Vgl. Emil Kloth: Reise deutscher Gewerkschafter nach Italien, in: Der Deutsche Vorwärts, Jg. 6 (1929), Nr. 9.

300 Emil Kloth: Eberts Rolle beim Munitionsarbeiterstreik, in: Der Deutsche Vorwärts, Jg. (1924), Nr. 1.

301 Walter Mühlhausen: Friedrich Ebert 1871–1925. Reichspräsident der Weimarer Republik, Bonn 2006, S. 937.

302 Ebd., S. 944.

Aussagen der Sozialdemokratie zum Straftatbestand der Majestätsbeleidigung mit den Prozessen des Staatsoberhauptes gegen seine Verleugner. Gleichzeitig ließ Kloth allerdings einen der wenigen Einblicke in die Psyche des bekennenden Renegaten zu: »Herr Präsident! Ich, ihr ehemaliger Duzgenosse, bin arm geblieben, habe aber trotzdem dasselbe Ehrgefühl wie jeder Reichspräsident oder Justizminister, aber wenn ich wegen jeder Beleidigung von ihren Genossen klagen wollte, käme ich aus dem Prozessieren gar nicht heraus.«[303] Verdrängter Neid auf die »Erfolgreichen« in der Arbeiterbewegung und stetes Jammern über erlittenes eigenes Unrecht kommen hier zusammen. Hinter einer devoten Schlussformel blitzte so etwas auf wie die Trauer nach der Vertreibung aus dem Paradies.

Der 143. Beleidigungsprozess des Reichspräsidenten entpuppte sich als Debakel. Der Prozess im Mai 1924, gegen einen unbedeutenden Provinzredakteur begonnen, wendete sich unter Amtsführung eines nationalistischen Richters zur Anklage gegen Ebert selbst. Die unglücklich defensive Verteidigungsstrategie der prominenten Verteidiger machte es Emil Kloth später leicht, im Prozess aufzutrumpfen. Statt die legitime Rolle eines Streikführers im Prozess herauszustreichen, bemühten sich die Rechtsanwälte darum, Eberts »Bremserrolle« im Munitionsarbeiterstreik zu beweisen.[304]

Im Magdeburger Prozess spielte Kloths »Einkehr« dann auch eine wichtige Rolle. Rechtsradikale hatten lange dazu aufgerufen, dieses Material gegen Ebert auszuwerten. Nun waren sie am Ziel. Kloth trat während des Prozesses mit ungebrochenem Elan auf. Selbst die dem Reichspräsidenten wohlgesonnene *Vossische Zeitung* ließ eine gewisse Achtung vor Kloths rhetorischem Talent und seinem Selbstbewusstsein durchschimmern.[305] Ein langes Statement Kloths zur landesverräterischen Rolle der SPD während des Krieges ließ das Gericht nicht zu. Stattdessen druckte *Der Deutsche Vorwärts* die Epistel später ab.[306] An Eberts Verurteilung als Landesverräter hatte Kloth ganz maßgeblichen Anteil. Die rechte Szene feierte Kloth als Helden. Er »lebte« von diesem Prozess und schlachtete ihn entsprechend aus.[307]

Ob als Belohnung für die Prozessunterstützung gegen den Reichspräsidenten oder nicht: Kloth profitierte unmittelbar von der neuen Popularität. Ende August 1924 schied er aus der Großbuchbinderei Wübben aus. Über die Gründe verlor er öffentlich kein Wort. Etwa drei Monate arbeitete er interimistisch hauptamtlich für den *Deutschen Vorwärts*. Im November 1924 stellte ihn die Deutschnationale Volkspartei als hauptamtlichen Redakteur bei der *Nati-*

303 Emil Kloth: Offener Brief an Ebert, in: Der Deutsche Vorwärts. Jg. 3 (1925), Nr. 33.

304 Vgl. Walter Mühlhausen: Friedrich Ebert 1871–1925. Reichspräsident der Weimarer Republik, Bonn 2006 S. 951.

305 Vgl. Emil Kloth vor Gericht, in: Vossische Zeitung, Jg. 1924 (12. Dezember 1924), Nr. 571: »Wer sich vom sprachlichen Überschwang deutschnationaler Federn fernhält, muss feststellen, daß Herr Emil Kloth ein schmächtiges Männlein ist, aus dessen Sprechen einige Intelligenz, aber geringes Auffassungsvermögen sich erraten läßt.«

306 Vgl. Zum Ebertprozeß. Wie wurde Ebert Führer des Munitionsarbeiterstreiks?, in: Der Deutsche Vorwärts, Jg. 2 (1925), Nr. 12.

307 Vgl. Emil Kloth: Persönliche Erinnerungen an Ebert, in: Der Deutsche Vorwärts, Jg. 2 (1925), Nr. 10; Emil Kloth: Die große Mohrenwäsche nach dem Ebertprozeß in: Korrespondenz der Deutschnationalen Volkspartei, Jg. 8 (6. Januar 1925), Nr. 4.

onalpost ein.[308] Neben dieser bediente Kloth die *Korrespondenz der Deutschnationalen Volkspartei* und sehr intensiv das Lokalblatt der DNVP *Berliner Volksfreund*. Kloths Gedanken kreisten dabei weiter um »den Arbeiter«, den er für die nationalen Parteien gewinnen wollte. Gemeinsam mit August Winnig und dem ehemaligen Geschäftsführer des Deutschen Metallarbeiterverbandes Joseph Kurt gestaltete Kloth ein Sonderheft der *Süddeutschen Monatshefte* mit dem programmatischen Titel »Der Glaube an das Proletariat«.[309] Gewohnt ungestüm agitierte er im antisemitischen Sinne: Funktionäre nutzten den Antisemitismus bewusst als Waffe, um die Demokratie »auszulaugen« und einen legalen Machtwechsel herbeizuführen.[310]

Über den einflussreichen Deutschnationalen Handlungsgehilfenverband (DHV) war die DNVP eng mit der christlichen Gewerkschaftsbewegung verbunden. Der DHV nahm weder Juden noch Frauen auf, stellte allerdings weitreichende tarifpolitische Forderungen auf.[311] Gleichwohl kam es zu keiner Annäherung Kloths an die deutschnationale Gewerkschaftsbewegung. Im Gegenteil: Früh verwarf der ehemalige sozialistische Gewerkschaftsvorsitzende die offensive Tarifpolitik »der Christen«. Vor allem der Vorsitzende der christlichen Gewerkschaftsbewegung, der gelernte Schreiner Adam Stegerwald, blieb ihm ein Dorn im Auge. 1924 kanzelte Kloth dessen Tarifpolitik ab: »Die Hauptsache für eine Arbeitsgemeinschaft besonders in der jetzigen Lage Deutschlands scheint mir auch nicht, wie Stegerwald es will, der Tarifvertrag als der vornehmste Ausdruck der Arbeitsgemeinschaft zu sein, sondern die höchstmögliche Wirtschaftlichkeit und Lebensfähigkeit der deutschen Betriebswirtschaft. Das wäre meines Erachtens eine weit bessere Arbeiterpolitik als der Ausbau immer neuer sozialpolitischer Ideen, die in einem verarmten und vom Feinde ausgebeuteten Volk doch niemals Wirklichkeit werden.«[312]

Konflikte mit dem deutschnationalen Gewerkschaftsflügel ließen nicht lange auf sich warten. Kloths stete Polemik gegen den Vorsitzenden des Deutschnationalen Handlungsgehilfenverbands Hans Bechly und seinen Geschäftsführer, den Reichstagsabgeordneten Walther Lambach[313], rief dessen Sekretär Paul Krellmann auf den Plan. Krellmann drohte

308 Vgl. Bundesarchiv Berlin VBS 47/2101064114 (Emil Kloth).

309 Emil Kloth: Ursprung und Niedergang der Sozialdemokratie, in: Süddeutsche Monatshefte, Jg. 22 (Dezember 1924), H. 3, S. 39. Pro domo stellte Kloth fest: »Die Arbeiter sind nämlich nur zu gewinnen durch Leute, die aus ihren Reihen hervorgegangen sind, ihr Fühlen und Sehnen kennen und ihm, wo es auch sei, Ausdruck zu geben vermögen.«

310 Vgl. Hans Dieter Bernd: Die Beseitigung der Weimarer Republik auf »legalem« Weg. Die Funktion des Antisemitismus in der Agitation der Führungsschicht der DNVP, Diss., Hagen 2004, S. 5.

311 Vgl. Iris Hamel: Völkischer Verband und nationale Gewerkschaft. Der Deutschnationale Handlungsgehilfen-Verband 1893–1933, Frankfurt am Main 1967; Katja Nerger/Rüdiger Zimmermann: Zwischen Antisemitismus und Interessenvertretung. Periodika und Festschriften des Deutschnationalen Handlungsgehilfen-Verbands in der Bibliothek der Friedrich-Ebert-Stiftung, Bonn 2006.

312 Emil Kloth: Um die Arbeitsgemeinschaft (Teil II), in: Deutscher Vorwärts, Jg. 1 (1924), Nr. 32.

313 Zur Rolle Lambachs vgl. Maik Ohnezeit: Zwischen »schärfster Opposition« und dem »Willen zur Macht«. Die Deutschnationale Volkspartei (DNVP) in der Weimarer Republik 1918–1928, Düsseldorf 2011, S. 429f.; Peter Rütters: Der Deutschnationale Handlungsgehilfen-Verband (DHV) und der Nationalsozialismus, in: Historisch-politische Mitteilungen: Archiv für christlich-demokratische Politik, Jg.16 (2009), S. 81–108.

Kloth mehr oder weniger offen mit dessen Entlassung. Pikanterweise bezeichnete er Kloth abwertend als »Renegaten«.[314] Ob der »Gewerkschaftskonflikt« innerhalb der Deutschnationalen tatsächlich zu seiner Entlassung führte, muss offen bleiben. Jedenfalls verlor Kloth 1925 seine Stellung und rückte innerhalb der DNVP noch weiter nach rechts. Im deutschnationalen Spektrum erhob er warnend seine Stimme: »Die Querverbindungen von Lambach bis Leipart verhindern einen grundsätzlichen, zielbewußten, angriffslustigen Kampf gegen die Sozialdemokratie.«[315] Künftig verdiente er sein Geld als freier Schriftsteller.[316]

Enge Freunde hoben später hervor, dass der Broterwerb für den nun über 60-Jährigen mühsam war.[317] Kloth schrieb weiterhin im *Deutschen Vorwärts* und im größeren deutschnationalen Umfeld. Dazu zählten Beiträge in der agrarpolitischen Wochenschrift *Reichsland-Bund* und im süddeutschen Ableger *Bayerischer Landbund*. Zu den seriöseren Tageszeitungen, die Kloths eingereichte Artikel druckten, zählten der *Berliner Lokalanzeiger*, das *Berliner Tageblatt* und die *Berliner Börsen-Zeitung*. In diesen Blättern schrieb er – fast gemäßigt – über den organisatorischen Niedergang der Gewerkschaften und der Sozialdemokratie.[318] Ein »anderer Kloth« trat dem Leser im *Allgemeinen Anzeiger für Buchbindereien* und im *Journal für Buchbinderei- und Kartonagenbetriebe* entgegen. Hier schrieb er sachlich beruflich-fachlich bezogen.

Seine Themen in der nationalistischen Presse blieben die alten. Mit seinen antisemitischen Auslassungen schindete er regelrecht Zeilen. Je provinzieller das Blatt, desto übler war der judenfeindliche Tenor. Gerne von der rechten Presse genommen wurden Kloths biografische Artikel über »Novemberverräter«, die er quasi im Baukastenprinzip jeweils entsprechend neu zusammensetzte. Einer der verunglimpften Sozialdemokraten holte 1926 zum Gegenschlag aus. Erich Kuttner, dem preußischen Landtagsabgeordneten und von 1924 bis 1927 Chefredakteur des Satireblattes *Lachen Links*, galt Kloths besonderer Hass. Ihm hatte er mehrere Artikel »gewidmet«. Gegen den schärfsten Artikel »Ein politischer Hanswurst als Femestaatsanwalt« klagte der im Weltkrieg schwer verwundete Kuttner. Wegen Invektiven wie »skrupelloser Verteidiger des volksausbeuterischen Millionärs und Schiebers Barmat« verurteilte das Schöffengericht Berlin-Tempelhof Kloth zu 400 Mark Geldstrafe.[319]

Umtriebig arbeitete er sich am Thema Weltkrieg und Arbeiterbewegung ab. Je mehr Zeit ins Land ging, umso detaillierter breitete Kloth Zitate von Gewerkschaftern und Sozialdemokraten während der Kriegszeit aus und konfrontierte diese mit jüngeren Aussagen. Auf diesem Terrain lag Kloths größte Stärke. Und auf keinem Gebiet konnte er so wirkungsvoll

314 Kloth enthüllte den Konflikt 1928. Emil Kloth: Parteien und Gewerkschaften, Berlin 1928, S. 23.

315 Ebd., S. 24.

316 Bundesarchiv Berlin VBS 47/2101064114 (Emil Kloth).

317 Vgl. Emil Kloth. 50 Jahre Verbandsmitglied, in: Korrespondent. Mitteilungsblatt des Deutschen Arbeiterverbandes des graphischen Gewerbes, Jg. 72 (14. April 1934), Nr. 15.

318 Bundesarchiv Berlin R/8034/III, Nr. 241 Presseausschnittsammlung Reichslandbund (Emil Kloth).

319 Vgl. Emil Kloth: Ein politischer Hanswurst als Femestaatsanwalt. Eine Burleske im preuß. Abgeordnetenhaus, in: Der Deutsche Vorwärts, Jg. 3 (1926), Nr. 33; Maximilian Ingenthron: »Falls nur die Sache siegt«. Erich Kuttner (1887–1942), Publizist und Politiker, Mannheim 2000, S. 307; IISG Amsterdam, Nachlass Erich Kuttner. Inventar-Nr. 162.

punkten wie in seinen synoptisch angelegten Enthüllungen »Gestern gesagt – heute gesagt«. Während des Präsidentenwahlkampfes 1925 rieb er seinen alten Gewerkschaftskollegen geradezu genüsslich bewundernde Zitate über den Generalfeldmarschall Paul von Hindenburg unter die Nase.[320]

Weiteres Terrain seines journalistischen Aktivismus waren die Korruptionsskandale, die die Republik erschütterten. Der Barmat- und der Sklarek-Skandal waren für Kloth wunderbare Beispiele, um die Verwerflichkeit der »Juden- und Schieberrepublik« zu belegen.[321] Vor allem die tiefe Verstrickung des ehemaligen 2. Vorsitzenden der Generalkommission und späteren Reichskanzlers Gustav Bauer in den Barmat-Skandal bot Kloth die Gelegenheit, authentisches Wissen mit moralischen Abrechnungen zu verknüpfen. Die Rolle der Skandale bei der Faschisierung der deutschen Gesellschaft kann gar nicht hoch genug bewertet werden. Denn: »Die Vergehen einzelner Vertreter der Republik waren ebenso real wie skandalös.« Beobachter konnten den »Eindruck gewinnen, daß die Künder der nationalsozialistischen Visionen jene der sozialistischen Vision an Integrität und Konsequenz weit übertrafen«.[322] In seinen Antikorruptionsartikeln radikalisierte sich Kloths Sprache noch weiter. Seine Antikorruptionsartikel bildeten eine wichtige Brücke hin zum Nationalsozialismus.[323]

Trotz aller Rabulistik: Die drei »guten Jahre« der Weimarer Republik von 1927 bis 1929 sahen den Neunationalisten politisch eher in der Defensive. Acht Jahre lang erregte er als Außenseiter Aufsehen. Die scheinbare ökonomische und politische Stabilität grub ihm danach sichtlich das Wasser ab. 1926 hegte er sogar Befürchtungen, die Arbeiterwähler der Deutschnationalen Volkspartei könnten sich wieder im großen Stil der Sozialdemokratie zuwenden. Allerdings kam Kloths »große Zeit« wieder –nach der schweren Rezession 1929. Alle seine dunklen Prophezeiungen – so Kloth – seien erfüllt: der vorhergesagte Zusammenbruch Deutschlands als direkte Folge des Schmachfriedens. Die Sozialdemokratie mit ihrer Illusionspolitik war entlarvt und im Niedergang begriffen. Der ehemalige Buchbindervorsitzende sah sich glänzend rehabilitiert. Triumphierend bündelte er 1930 in seiner letzten in der Weimarer Republik erschienen Broschüre »Korruption. Dokumente zur Geschichte des heutigen Systems« alle Vorwürfe. Als Verleger fungierte der Berliner Brunnen-Verlag, einer der wirkungsvollsten antisemitischen Propagandazentren der Reichshauptstadt. Die Schrift erschien anonym. Im Reich wurde sie mehrfach verboten. Stolz bekannte sich Kloth später als Nationalsozialist zu seinem Werk.[324]

320 Vgl. E.K.: Die sozialdemokratischen Gewerkschaften über Hindenburg, in: Berliner Volksfreund, Jg. 7 (1925), H. 16.

321 Zu den Skandalen vgl. Stephan Malinowski: Skandale als Zerrspiegel der Demokratie. Die Fälle Barmat und Sklarek im Kalkül der Weimarer Rechte, in: Jahrbuch für Antisemitismusforschung, Jg. 5 (1996), S. 46–65.

322 Ebd., S. 59f.

323 Prototypisch der Artikel Emil Kloth: Ruhegehälter der Edelproletarier in: Bayerischer Landbund, Jg. 28 (21. März 1926), Nr. 12.

324 Vgl. Emil Kloth. 50 Jahre Verbandsmitglied, in: Korrespondent. Mitteilungsblatt des Deutschen Arbeiterverbandes des graphischen Gewerbes, Jg. 72 (14. April 1934), Nr. 15. Der Text stammt nachweislich in weiten Passagen aus Kloths eigener Feder.

Auf dem Weg ins »Dritte Reich«

Das Jahr 1930 »befreite« den 66-Jährigen von der Mühe, seinen Lebensunterhalt durch Zeilenschinderei zu verdienen. Ohne angemessene Altersunterstützung war er gezwungen, über die gesetzlich fixierte Altersgrenze hinaus zu arbeiten. Eine Anstellung fand er im März 1930 als Sekretär und Schriftleiter des Haus- und Grundbesitzervereins »Schönhauser Stadtteile«.[325] Der »Bund der Berliner Haus- und Grundbesitzervereine« (kurz: »Haus und Grund«) bestand seit 1887. Ihm gehörten acht Vereine an. Der Verein »Schönhauser Stadtteile« war ein Glied der Kette.[326] Politische Protektion bei seiner neuen Anstellung liegt nahe, lässt sich allerdings nicht beweisen.

Als neuer mittelständischer Interessenvertreter brachte er kommunalpolitische Erfahrung ein. Während des Krieges hatte sich Kloth aus gewerkschaftlicher Sicht zu den Miet- und Hypotheken-Einigungsämtern (ein Kind der Kriegszeit) der Stadt Berlin recht sachkundig geäußert.[327] Als mehrjähriger sozialdemokratischer Beisitzer im Mieteinigungsamt in Neukölln waren ihm Miet- und Wohnungsfragen und die damit verbundenen Probleme vertraut. Zu Mietfragen hatte er sich noch 1919 als ausgeschlossener Gewerkschafter in der Zeitschrift *Soziale Praxis* geäußert (»Emil Kloth, der bekannte frühere Gewerkschaftsführer schreibt uns«).[328] Im Schwerindustriellenblatt *Deutsche Zeitung* beklagte er 1921 in einer fünfteiligen Serie die Notlage des Hausbesitzes, der unter sozialistischen Experimenten besonders zu leiden habe.

Der neue Arbeitgeber gab seit 1893 die Zeitschrift *Der Hausbesitzer. Monatsschrift für Berliner Haus- u. Grundbesitz* heraus. In deutschen Bibliotheken haben sich nur die Jahrgänge 1893 bis 1923 erhalten, sodass Kloths journalistisches Wirken in der Schlussphase der Weimarer Republik nicht dokumentiert werden kann. Auch die Überlieferung der Geschäftsberichte des gesellschaftlich recht aktiven Vereins reicht nur bis zum Ausbruch des Weltkriegs. Eine gewisse ideologische Nähe zu seinem Arbeitgeber darf unterstellt werden. Kloth reduzierte seine Mitarbeit am *Deutschen Vorwärts* beträchtlich. Ab Mitte 1930 finden sich nur noch vereinzelte Beiträge, ehe der Besitzer das Blatt 1931 neu ausrichtete und Ernst Unger und seine Mannschaft den Dienst quittierten.[329]

325 Bundesarchiv Berlin VBS 47/2101064114 (Emil Kloth).

326 Vgl. Heinz Klostermann: Festrede zur Feier 125 Jahre Haus & Grund Berlin am 24.5.2012, unter: http://www.haus-und-grund-tempelhof.de/unser-verein/125-jahre-haus-grund-berlin/, letzter Aufruf am 14.8.2014.

327 Vgl. Emil Kloth: Miet- und Hypotheken-Einigungsämter, in: Correspondenzblatt der Generalkommission der Gewerkschaften Deutschlands, Jg. 27 (22. September 1917), Nr. 38.

328 Emil Kloth: Wohnungsnot, Mietsteigerungen und Mieterschutz in: Soziale Praxis und Archiv für Volkswohlfahrt, Jg. 29 (25. Dezember 1919), Nr. 13, S. 307–310.

329 Vgl. E. Unger-Winkelried: Von Bebel zu Hitler. Vom Zukunftsstaat zum Dritten Reich. Aus dem Leben eines sozialdemokratischen Arbeiters, Berlin 1934, S. 118.

Gravierender war indes Kloths politischer Stellungswechsel. 1932 trat er der NSDAP bei. Über seinen späten Beitritt äußerte er sich 1937 fast selbstkritisch: »Ich gebe unumwunden zu, daß es dem gegenüber reichlich spät war, wenn ich erst im Mai 1932 mich zur Mitgliedschaft anmeldete und erst am 1. August 1932 eingeschriebenes Mitglied der Partei wurde. Ich darf aber wohl anführen, daß meinen Artikeln in der bürgerlichen Presse sofort die Aufnahme verweigert worden wäre, wenn ich offen als Nazi aufgetreten wäre, zumal ich sowieso bei vielen Deutschnationalen als verkappter Nazi galt. Seit den unerhörten Erfolgen unserer Partei bei der Reichstagswahl stand es bei mir bombenfest [...], daß nur ihr und ihrem alles überragenden Führer die Zukunft gehört.«[330] Kloth suchte sich einzuschmeicheln: Stolz wies er in der Retrospektive darauf hin, dass die Nazi-Presse einiger seiner früheren Artikel bereits abgedruckt habe. Ein minutiöser Beweis ist wegen der schwierigen bibliografischen Situation kaum zu erbringen und steht noch aus. Nach eigenen Worten unterstützte er die NSDAP und die SA bei Sammlungen für die Gefangenen der Partei. Alles habe er versucht, die Deutschnationalen auf ein Einschwenken hin zur NSDAP zu veranlassen. Bis Juni 1933 fungierte Kloth als ehrenamtlicher Stadtrat Neuköllns.[331]

Kloths große Stunde kam 1933 nach der nationalsozialistischen Machtergreifung, der Ausschaltung der Gewerkschaften und der Besetzung ihrer Verbandshäuser. Am 2. Mai okkupierte der spätere »Verbandsleiter« Oswald Coler mit einem SA-Trupp das Verbandshaus der Buchbinder am Neuen Markt.[332] In der ersten vollständig gleichgeschalteten Ausgabe der *Buchbinder-Zeitung*, immer noch *Organ des Verbandes der Buchbinder und Papierarbeiter* und weiterhin in der Vorwärts-Buchdruckerei und Verlagsanstalt Paul Singer in der Lindenstraße gedruckt, trat Kloth mit dem selbst gewählten Titel »ehemaliger Vorsitzender des Verbandes« erstmals seit 13 Jahren wieder auf die Bühne. Hinter dem programmatischen Titel »Warum die Gleichschaltung der Gewerkschaften kommen mußte«[333] verbarg sich triumphierend die Rechtfertigung des eigenen Lebensweges. Wie in einem Zeitraffer präsentierte er seine politische Biografie. Seine Schlüsselerlebnisse waren der Ausbruch des Krieges und der unehrenhafte Friede. Lieber habe er auf seine Stelle als Verbandsvorsitzender verzichtet, als seiner Überzeugung entgegenzuhandeln: »Ich aber war leider der einzige Gewerkschaftsvorsitzende, der so gehandelt hat. Die anderen sozialdemokratischen Gewerkschaftsführer lernten vielmehr abermals um, aber nicht zum Vorteil des deutschen Volkes oder gar seines Arbeitertums. Vor dem Krieg waren sie zu mindestens 75 Proz. internationalistisch-pazifistisch gesinnt. Der drohende Ernst des Weltkrieges mit seinen furchtbaren Gefahren gerade für die deutsche Arbeiterschaft, falls Deutschland unterlag, und die patriotische Stimmung

330 Bundesarchiv Berlin VBS 47/2101064114 (Emil Kloth).

331 Vgl. Emil Kloth. 50 Jahre Verbandsmitglied, in: Korrespondent. Mitteilungsblatt des Deutschen Arbeiterverbandes des graphischen Gewerbes, Jg. 72 (14. April 1934), Nr. 15. Mitteilung Landesarchiv Berlin, 6. Mai 2014.

332 Vgl. Emil Kloth: Buchbinder und Papierverarbeiter im Verbande, in: Korrespondent. Mitteilungsblatt des Deutschen Arbeiterverbandes des graphischen Gewerbes, Jg. 72 (28. April 1934), Nr. 17.

333 Emil Kloth: Warum die Gleichschaltung der Gewerkschaften kommen mußte, in: Buchbinder-Zeitung, Jg. 49 (28. Mai 1922), Nr. 22. Siehe Faksimile auf S. 100.

Emil Kloth, 1934, aus: Korrespondent. Mitteilungen des Deutschen Arbeiterverbandes des graphischen Gewerbes, Jg. 72, Nr. 15 v. 14. April 1934.

des Volkes machten sie zu ›Sozialpatrioten‹, zu Anhängern und Verfechtern der ›Politik des 4. August von 1914‹ aber nur bis zur russischen Revolution von 1917. Dann begann das Hineingleiten, zuerst langsam und zögernd, mit der Zeit aber schneller und schneller zu den Gedankengängen der USPD, denen auch die Ebert, Scheidemann und Genossen zielbewußt zusteuerten.« Kloth pflegte ganz offensichtlich enge Kontakte zu den neuen Herren der NSBO. Das zahlte sich alsbald aus.

Nazi-Funktionär

Die Gleichschaltung der demokratischen Gewerkschaften im grafischen Gewerbe ließ nicht lange auf sich warten. Am 8. und 9. Juni 1933 hoben die nationalsozialistischen Okkupanten im traditionsreichen Haus der Deutschen Buchdrucker in der Dreibundstraße den »Deutschen Arbeiterverband des Graphischen Gewerbes« aus der Taufe. Die Organisation umfasste Arbeiter und Arbeiterinnen, die sich bislang nach dem Willen der Mitglieder in vier freigewerkschaftlichen und zwei christlichen Organisationen zusammengefunden hatten. Nur mühsam verdeckte der Aufruf im gedrechselten Deutsch die terroristische Unterdrückung einer freien unabhängigen Gewerkschaftsbewegung: »Kein Glied oder Arm, der bisher die Pflege des Berufsstolzes gesucht hat, wird zerschlagen«, konnten es Buchdrucker, Buchbinder, Lithografen und Hilfskräfte lesen. Und: »Wir haben im Gegenteil uns als höchstes Ziel eine intensive Pflege des Berufsstolzes gesteckt, um allen Deutschen zu zeigen, daß der Titel ›Arbeiter‹ ein Ehrentitel ist, der ihn zum vollständigen Staatsbürger macht.«[334]

Die neuen Herren versuchten vor allem, eine ungebrochene Kontinuität vorzutäuschen. Die Leitung des »Arbeiterverbandes« residierte weiterhin im Buchdruckerhaus in Kreuzberg. Der *Korrespondent*, Flaggschiff der freigewerkschaftlichen Buchdruckerbewegung, erschien weiterhin. Das Layout war dem alten demokratischen Organ zum Verwechseln ähnlich, sogar die bestehende Jahrgangszählung behielt das Blatt bei. Mit Bild stellten die neuen nationalsozialistischen Machthaber – als ob nichts geschehen wäre – die gewerkschaftlichen Jubilare im *Korrespondent* vor. Der Druck erfolgte auf den alten Maschinen im Hinterhaus des Buchdruckerhauses, nur der Untertitel des Blattes wechselte mehrfach (zweite Hälfte 1933: *Mitteilungsblatt des Deutschen Arbeiterverbandes des graphischen Gewerbes*).

Im Juli 1933 zog die gleichgeschaltete Reichsfachleitung der Buchbinder ins alte Buchdruckerhaus ein. Im August 1933 trat Emil Kloth mit einem stolzen Aufruf an die Öffentlichkeit: Der Verbandsleiter des Deutschen Arbeiterverbandes des graphischen Gewerbes habe ihn zum Leiter der Fachschaft Buchbinder berufen. Im gleichen Monat quittierte er seine Stelle als Sekretär des Grundbesitzer-Vereins.[335] Typisch für Kloth: Die Mitteilung über sein neues Amt garnierte er zunächst mit einem autobiografischen Rechenschaftsbericht. Geschickt nutzte er sein jahrelang zurückliegendes Engagement für eine Einheitsgewerkschaft aller Beschäftigten im grafischen Gewerbe: »Das, was die Arbeiter und Arbeiterinnen des graphischen Gewerbes seit Jahrzehnten erstrebt haben: die Vereinigung in einer großen graphischen Organisation, die jedoch die Bonzokratie niemals zustandezubringen vermochte, das hat die Deutsche Arbeitsfront unter Adolf Hitler in ein paar Wochen spielend erledigt.«[336]

334 Korrespondent, Jg. 71 (17. Juni 1933), Nr. 40.
335 Korrespondent, Jg. 71 (5. August 1933), Nr. 47; Bundesarchiv Berlin VBS 47/2101064114 (Emil Kloth).
336 Ebd.

Gewiss saß Kloth nach 14 Jahren nicht mehr am alten Schreibtisch. Dennoch war sein Amtsantritt für die Nazis von hohem Symbolwert. Ein alter geläuterter Funktionär residierte in jenem Gewerkschaftshaus, in dem er Jahre zuvor Arbeitskampfmaßnahmen mit gleichgesinnten Kolleginnen und Kollegen beraten und koordiniert hatte. Eine besondere Pointe: Kloth hatte sich als Befürworter eines grafischen Einheitsverbandes in der Dreibundstraße stets Absagen eingeholt, jetzt setzte er sich als die Inkarnation unterdrückten Willens der grafischen Arbeiter in Szene. Natürlich blieb der fast 70-Jährige in der bürokratisch aufgeblähten Pseudogewerkschaft ein kleines Rädchen, seine Feigenblattfunktion kam den neuen Machthabern indes mehr als gelegen.

Kloth entfaltete alsbald eine rege Publikationstätigkeit. Allerdings blieb im geschrumpften *Korrespondent* nur wenig Platz für die Buchbinder übrig. Der neu ernannte Fachschaftsleiter bedauerte dies mehrfach. Über die »Aufnahme« des alten Vorsitzenden bei den neuen Kolleginnen und Kollegen ist wenig bekannt. Viele Mahnungen Kloths lassen auf geringe Mitarbeit schließen; alte Kolleginnen und Kollegen entzogen sich offensichtlich durch passive Resistenz. Kloths Warnungen: »In planvoller, genialer und kraftvoller Weise hat unser Volkskanzler die Macht des Marxismus und Kommunismus und seiner Schleppenträger in Deutschland gebrochen. Doch im Geheimen züngelt noch die Schlange der Zwietracht und der Verdächtigungen weiter, um sein großes Werk zu stören. Laßt euch nicht noch einmal betören.«[337] Monatelang verstummten seine Klagen über mangelnde Mitarbeit nicht.

Keine Meldung war zunächst skurril genug, um als »Erfolg« verkauft zu werden. Erfolge bei der Bekämpfung der Arbeitslosigkeit erhoffte er u. a. durch das massenhafte Einbinden von Erbschaftsrollen, Erbhofbüchern, Sippenbüchern. Größeres Zusammenhaltsgefühl stifteten spektakuläre Aktionen wie die »Danzig-Fahrten« der grafischen Arbeiter und Arbeiterinnen, bei denen Kloth große Auftritte hatte. Als deutliche Provokation der neuen Herren gedacht, nutzten die Beschäftigten diese Gelegenheiten »herauszukommen«, um erstmals die Ostsee zu sehen.

Neben allen devoten Gesten gegenüber dem Regime lassen sich zwischen den Zeilen auch bei Kloth Formen unangepassten Verhaltens ausmachen. Der neue Fachschaftsleiter griff Staatsanwaltschaften an, die Gefängnisarbeiten im Buchbindergewerbe unterstützten[338] und schwärzte Unternehmer wegen Bruchs der Tarifordnung an.[339] Sein Denken kreiste weiterhin um Tarifordnungen, Mindestlöhne und um Verbesserungen der Entlohnung durch Verhandlungen auf Augenhöhe. Eine Analyse über die Heimarbeit unterschied sich handwerklich kaum von einer klassischen gewerkschaftlichen Bestandsaufnahme. Als Beauftragter für die Heimarbeit im grafischen Gewerbe forderte er die Einhaltung des Gesetzes über die Heimarbeit ein, einst der ganze Stolz der christlichen Gewerkschaftsbewegung in der

337 Emil Kloth: Ihr müßt begreifen, um was es sich handelt, in: Korrespondent, Jg. 71 (4. November 1933), Nr. 60.

338 Vgl. Emil Kloth: Arbeitsbeschaffungsmaßnahmen für Buchbinder, in: Korrespondent, Jg. 72 (1. September 1934), Nr. 39.

339 Vgl. Emil Kloth: Bruch der Tarifordnung?, in: Korrespondent, Jg. 72 (22. September 1934), Nr. 38.

Weimarer Republik. Offen plädierte er – wenn auch im verräterischen Konjunktiv – dafür, Gewinne der Unternehmer zugunsten der Beschäftigten zu beschneiden.[340]

Die DAF-Technokratie machte sich 1934/35 allerdings daran, solchen»Resten von kollektiver proletarischer Interessenartikulation« den Garaus zu machen. Stattdessen sollten tarifähnliche Beziehungen mit »Hilfe eines Systems individualisiert-leistungsbezogener Löhne und Lohnersatzleistungen«[341] abgelöst werden. Arbeitsbeziehungen wurden auf einen neuen Krieg ausgerichtet. Kloth selbst bekam den neuen Wind bald zu spüren. Nach ersten Angriffen auf Unternehmer war der 70-Jährige rasch gezwungen klein beizugeben und musste sich bei der angegriffenen Firma entschuldigen.[342]

Bevor Kloth Ende 1935 von seinem Amt zurücktrat, konnte er als Fachschaftswart noch einen kleinen Triumph feiern. Um den mangelnden Rückhalt unter den Arbeitern im grafischen Gewerbe zu kompensieren, teilte die DAF das Mitteilungsblatt *Korrespondent* wieder auf. Ganz offensichtlich – und das war zwischen vielen Zeilen herauszulesen – fühlten sich die Mitglieder selbst fachlich-beruflich nicht abgebildet.[343] Künftig erschien das Buchbinderblatt als *Ausgabe D* des *Korrespondent* mit dem Untertitel *Fachliches Schulungsblatt der DAF für die Buchbindereien und die gesamte Papierverarbeitung*. Die Differenzierung ging allerdings auf Kosten des Erscheinungsrhythmus.

Zum 1. Januar 1936 trat Kloth offiziell von seinem Amt zurück. Den Rücktritt gab der Reichsfachgruppenwart nicht selbst bekannt; er wurde bekannt gegeben. In seinem Lebenslauf von 1937 führte er Altersgründe für seinen Rückzug an. Noch für drei Monate habe er einen Ehrensold erhalten.[344] Für einen »ehrenvollen Abschied« spricht die weitere Mitarbeit im Blatt; allerdings nahm Kloth nicht mehr zu politischen Fragen Stellung. Künftig schrieb er nur noch über fachliche Fragen des Buchbindergewerbes. Berufsstolz auf das eigene Handwerk mischte sich in diesen Artikeln mit abstrusem Führerkult.[345] Für einen weniger ehrenvollen Abschied sprechen unverständliche Andeutungen über einen schwelenden Konflikt.[346]

Neue Wirkungsmöglichkeiten boten Kloth historische Arbeitsfelder. Auf Honorarbasis arbeitete er an zwei Forschungsinstituten gleichzeitig mit. Um den Sieg der nationalsozialistischen Bewegung zu legitimieren, scheute die Deutsche Arbeitsfront (DAF) weder Kosten noch Mühe. Finanzielle Ressourcen waren durch die Zwangsabgaben der Beschäftigten im Überfluss vorhanden. Im Frühjahr 1935 gründete die DAF ein eigenes Arbeitswissenschaft-

340 Vgl. Emil Kloth: Unsere Erhebung über die Heimarbeit, in: Korrespondent, Jg. 73 (18. September 1935), Nr. 36.

341 Karl Heinz Roth: Intelligenz und Sozialpolitik im »Dritten Reich«. Eine methodisch-historische Studie am Beispiel des Arbeitswissenschaftlichen Instituts der Deutschen Arbeitsfront, München u.a. 1993, S.127.

342 Vgl. Kloth, Emil: Erklärung, in: Korrespondent, Jg. 72 (3. November 1934), Nr. 44.

343 Vgl. Die Deutsche Arbeitsfront rüstet auf. Die Bedeutung der Neuordnung der Deutschen Arbeitsfront-Presse, in: Korrespondent, Jg. 73 (8. September 1935), Nr. 25.

344 Vgl. Bundesarchiv Berlin VBS 47/2101064114 (Emil Kloth).

345 Vgl. Emil Kloth: Das Buch von Ewigkeitswert. Ein Geburtstagsbuch für den Führer, in: Korrespondent, Ausgabe D, Jg. 74 (Mai 1936), Nr. 5.

346 Vgl. e.k.: Auseinandersetzungen über fachliche Fragen, in: Korrespondent, Ausgabe D., Jg. 74 (Februar 1936), Nr. 2.

liches Institut (AWI). Die Denkfabrik sollte zur Lösung sozialpolitischer und sozialwissenschaftlicher Fragen beitragen, die aus den spezifischen Arbeitsbeziehungen im nationalsozialistischen Staat erwuchsen.[347] Das Tempo des Institutsaufbaus beeindruckte: Innerhalb kürzester Zeit stellten DAF-Verantwortliche eines der größten sozialwissenschaftlichen Forschungsinstitute Europas auf die Beine. 1940 sollten 544 Mitarbeiter darüber nachdenken, wie die Arbeiterklasse an Deutschlands Weltgeltung beteiligt werden könne. Allein für die Zentralbibliothek, die die ausgeraubten Gewerkschaftsbibliotheken verwalten sollte, und für das Zentralarchiv waren für 1940 mehr als 150 Beschäftigte vorgesehen.[348]

Aus naheliegenden Gründen sollte auch das nationalsozialistische Herrschaftssystem historisch legitimiert werden.[349] Allerdings mangelte es zunächst an qualifizierten Mitarbeitern. Der Exodus namhafter Sozialhistoriker aus Deutschland war nicht zu kompensieren. Um den Jahreswechsel 1935/36 gründeten »sozialfaschistisch« orientierte Mitarbeiter innerhalb des AWI eine eigene Abteilung »Geschichte der Arbeit«, um die Grundlagen zur Erforschung »der deutschen Arbeit« voranzutreiben. Als stellvertretender Abteilungsleiter fungierte Ernst Drahn, ehemaliger SPD-Parteiarchivar und Mitarbeiter Kloths am *Deutschen Vorwärts*. Drahn holte rasch seine alten Kampfgefährten Emil Unger und Emil Kloth ins Boot.

Die Mitarbeit am AWI blieb nicht Kloths alleinige Aktivität. Ihm gelang es, seine Mitarbeit am AWI mit einer Honorarstelle am 1933 gegründeten »Reichsinstitut für Geschichte des neuen Deutschland« zu verbinden, das sich im Sinne des Nationalsozialismus mit der Judenfrage beschäftigen sollte.[350] Einen besonderen Schwerpunkt im Reichsinstitut bildete eine eigene Forschungsabteilung »Politische Führung im Weltkrieg«. Es lag auf der Hand: Die Machthaber erwarteten Ergebnisse, um die Arbeiter wirkungsvoller in einen kommenden Krieg integrieren zu können. Die Erfahrungen des Ersten Weltkriegs, die Angst vor Streiks und Renitenz trieben die neuen Machthaber sichtlich um. Der neu etablierte Arbeitsschwerpunkt unterstand dem ehemaligen Leiter der Spionage der Obersten Heeresleitung Walter Nicolai. Ihn kannte Kloth seit einigen Jahren.[351] Nicolais Forschungsauftrag lief bis März 1937 und wurde dann um ein Jahr verlängert.[352]

Kloth besuchte den pensionierten Militär, im Krieg für seine lügnerische Kriegsberichterstattung berüchtigt, erstmals im Mai 1936 und bekam von ihm den Auftrag, »über die Rolle

347 Vgl. Karl Heinz Roth: Intelligenz und Sozialpolitik im »Dritten Reich«. Eine methodisch-historische Studie am Beispiel des Arbeitswissenschaftlichen Instituts der Deutschen Arbeitsfront, München u. a. 1993, S. 127.

348 Ebd., S. 133.

349 Ebd., S. 148.

350 Vgl. Fritz-Bauer-Institut (Hrsg.): »Beseitigung des jüdischen Einflusses ...« Antisemitische Forschung, Eliten und Karrieren im Nationalsozialismus.(= Jahrbuch zur Geschichte und Wirkung des Holocaust 1998/99), Frankfurt u. a. 1999.

351 Vgl. Karl Heinz Roth: Intelligenz und Sozialpolitik im »Dritten Reich«. Eine methodisch-historische Studie am Beispiel des Arbeitswissenschaftlichen Instituts der Deutschen Arbeitsfront, München u. a. 1993, S. 127. Zu Nicolai vgl. Klaus Walter Frey: Oberst Walter Nicolai, Chef des deutschen militärischen Nachrichtendienstes im Großen Generalstab (1913–1918). Mythos und Wirklichkeit – Biographische Beiträge, in: Jürgen W. Schmidt (Hrsg.): Geheimdienste, Militär und Politik in Deutschland, Ludwigsfelde ²2009, S. 135–198.

352 Vgl. Bundesarchiv R 1/6 (Reichsinstitut für Geschichte des neuen Deutschland).

der Gewerkschaften im Weltkriege möglichst viel Material herbeizubringen«[353]. Der freie Mitarbeiter besuchte Archive, Behörden, Bibliotheken und fertigte mit seiner Schreibmaschine umfängliche Abschriften an. Bis Februar gab er Nicolai 186 Schreibmaschinenseiten ab.[354] Kloths Anfrage vom 23. Februar 1937 an das Berliner Polizeipräsidium, Politische Abteilung, nach »Akten und Archiven der alten Gewerkschaften (Herr Oberst Nicolai wünscht vor allem möglichst Originaldokumente aller Art [...])«[355] löste bei diversen Dienststellen hektische Aktivitäten aus.[356]

List der Geschichte: Kloths Recherchen führten zur Sicherstellung elementarer primärer Gewerkschaftsquellen, die Autodafés und faschistische Zerstörung überlebt hatten. Als »Quellen zur Geschichte der deutschen Gewerkschaftsbewegung« bildeten vor allem die Protokolle der Gewerkschaftsvorstände seit den 1980er-Jahren eine zentraleQuellenbasis für die Forschung zur demokratischen Gewerkschaftsgeschichte.

Seine »Beute« wertete Kloth auch für das AWI aus. Prinzipiell veröffentlichte das Institut wissenschaftliche Beiträge ohne Nennung der Autoren. Der Jahresband 1937 des AWI machte keine Ausnahme. Unter dem Titel »Der Allgemeine Deutsche Gewerkschaftsbund im Jahre 1917« veröffentlichte der Renegat sein »wissenschaftliches« Erstlingswerk.[357] Niemand schien es zu stören, dass der Allgemeine Deutsche Gewerkschaftsbund 1917 überhaupt noch nicht existiert hatte. Wer Kloths Aufarbeitung der Gewerkschaftsgeschichte im Weltkrieg verfolgt hatte, fand im AWI-Aufsatz wenig Neues. Reißerisch versuchte er, die neu aufgefundenen Dokumente aufzuwerten: »Dieser Schleier zerreißt jetzt durch das Bekanntwerden der geheimen Akten des ADGB.« Kloth kannte natürlich die »Geheimakten« und wusste um die Protokolle der Vorständekonferenz. Protokollierung der Beschlüsse entsprach gewerkschaftlich-demokratischem Standard. Vor allem der Abdruck zweier Faksimiles sollte beweisen, dass die Führer der Gewerkschaften, Carl Legien und sein Nachfolger Theodor Leipart, verdeckt oder offen Landesverrat begangen hätten. Kloths Beweise blieben grotesk dürftig, sagten aber umso mehr über das Ego des Anklägers aus. 20 Jahre später machte er sich zum Mitglied der Generalkommission und strich für die Nachwelt seine Verdienste im Kampf gegen die Stockholmer Friedenskonferenz heraus: »Aber zu Ehren eines der Mitglieder der Generalkommission muß festgestellt werden, daß dieser Billigungsbeschluß durch einen Mann schärfsten Widerspruch erfährt: durch den Vorsitzenden des Buchbinderverbandes Emil Kloth. Er reißt den verlogenen Arbeiterführern die Maske vom Gesicht.«[358] Von allen Protagonisten jener Zeit bekam nur noch August Winnig gute Noten.

353 Kloth an die Forschungsabteilung »Politische Führung im Weltkriege« im Reichsinstitut für Geschichte des neuen Deutschland am 17. Februar 1927. Bundesarchiv R 1/6 (Reichsinstitut für Geschichte des neuen Deutschland).

354 Ebd.

355 Ebd.

356 Vgl. Karl Heinz Roth: Intelligenz und Sozialpolitik im »Dritten Reich«. Eine methodisch-historische Studie am Beispiel des Arbeitswissenschaftlichen Instituts der Deutschen Arbeitsfront, München u. a. 1993, S. 152.

357 Der Allgemeine Deutsche Gewerkschaftsbund im Jahre 1917, in: Jahrbuch 1937. Hrsg. vom Arbeitswissenschaftlichen Institut der Deutschen Arbeitsfront Berlin, S. 321–346.

358 Ebd., S. 328.

Aber auch die gestandenen Historiker im AWI waren an professioneller Arbeit interessiert: Quellen- und Methodenkritik gehörte – bei aller faschistischer Grundausrichtung –zu ihrem Handwerk. Karl Heinz Roth bringt es auf den Punkt: Kloths Arbeit sei eine »völlig aus dem Rahmen fallende Mischung von Dokumentation und geifernden Attacken«[359] und habe in keiner Hinsicht dem Standard des Instituts entsprochen. Kloths Ende im Institut kam im Oktober 1937. Die Abteilung »Geschichte der Arbeit« hielt in diesem Monat ihre zweite Jahrestagung ab. Vorgetragene Lobeshymnen auf die sozialrevolutionäre Rolle der 1935 zugunsten der DAF aufgelösten Nationalsozialistischen Betriebszellenorganisation (NSBO) bedeuteten eine direkte Attacke auf die DAF und ihr Selbstverständnis als Instrument totalitärer Erfassung und Sozialplanung. Als Konsequenz wurde die Abteilung »Geschichte der Arbeit« durch den neuen Abteilungsleiter Rudolf Craemer reorganisiert. Kloth spielte im Kalkül des Bismarck-Experten keinerlei Rolle mehr.[360] Oder anders ausgedrückt: Der mittlerweile sehr professionell arbeitende nationalsozialistische außeruniversitäre Wissenschaftsbetrieb konnte die Renegaten der alten Arbeiterbewegung vollständig entbehren.

Was bedeutete der De-facto- Rausschmiss? Nach außen hin wenig. Kloth wandte sich wieder intensiver dem *Korrespondent* zu. Ganz offensichtlich war auch seine Mitarbeit an Fachpublikationen weiterhin gefragt. Über viele Jahre hatte er vereinzelt in der Zeitschrift *Der graphische Betrieb. Bildungshefte für Maschinentechnik, Betriebswissenschaft und Berufskunde* veröffentlicht, wobei er allmählich dazu überging, einer rückwärts gerichteten Handwerksidylle das Wort zu reden.[361] Seinen 75. Geburtstag – kurze Zeit nach Ausbruch des nächsten Weltkriegs – nahm die Deutsche Arbeitsfront noch zur Kenntnis. Kloth bedankte sich überschwänglich und gab gleichzeitig der Hoffnung Ausdruck, »nach meinen Kräften auch ferner zur Festigung der von unserem großen Führer Adolf Hitler geschaffenen deutschen Volksgemeinschaft beitragen zu können«[362]. Im neu gegründeten *Jahrbuch der Papierverarbeitung* im Verlag der Deutschen Arbeitsfront durfte Kloth 1940 letztmalig seine historischen Studien popularisieren.[363] Niemand wird es erkannt haben: Das Quellenstudium hatte Kloth mehr als ein Vierteljahrhundert vorher für seine Geschichte der gewerkschaftlich organisierten Buchbinder betrieben.

Emil Kloth starb am 4. Mai 1942 in Berlin-Neukölln an Herzversagen.[364] Es gab keinen Nachruf. Der *Korrespondent* der Deutschen Arbeitsfront, nach Beginn des Krieges zu einem »Mitteilungsblättchen« zusammengeschrumpft, war bereits 1941 eingestellt worden.

359 Ebd., S. 151.

360 Ebd., S. 153.

361 Vgl. Emil Kloth: Vom Manuskript zum fertigen Buch. Mit besonderer Berücksichtigung der Buchbinderei, in: Der Graphische Betrieb, Jg. 11. (Juli 1936), S. 357–363.

362 Emil Kloth: Danksagung in: Korrespondent, Jg. 77 (November 1939), Nr. 11.

363 Vgl. Emil Kloth: Geschichte und Entwicklung der Papierverarbeitung, in: Jahrbuch der Papierverarbeitung 1940, S. 39–47.

364 Mitteilung Landesarchiv Berlin, 23. September 2013.

Buchbinder-Zeitung

Organ des Verbandes der Buchbinder und Papierverarbeiter

Nummer 22	Erscheint Sonntags. Bezugspreis vierteljährlich 1,50 Mk. Nur Postbezug. Bestellung bei allen Postanstalten.	Berlin, den 28. Mai 1933	Geschäftsstelle: Berlin C2, Neuer Markt 8—12 IV. Fernruf: Berlin E 2, Kupfergraben 1129. Anzeigen werden nicht aufgenommen.	49. Jahrgang

Die Lokomotive fährt an

W. Langsam, ja fast unmerklich setzt sich der Expreßzug in Bewegung, die Zurückbleibenden gehen noch plaudernd und grüßend mit bis zum Ende des überlangen Bahnsteigs. Und ehe die lange schwarze Schlange aus der Halle heraus ist, hat sie fast schon der zweite Stadtbahnzug von den Nachbargleisen überholt. Aber nachdem wir die vielen Gleise und klirrenden Weichen hinter uns gelassen haben, braust unser Zug mit stürmender Wucht an den Vorortstationen und den flinken Stadtbahnzügen vorüber, die Masse, zwar schwer in Gang gekommen, treibt sich nun mit um so größerer Beschleunigung vorwärts. Es dürfte unter unsern Zeitgenossen eigentlich niemand so kurzsichtig sein, daß er diese Wahrheit im Gleichnis nicht einsähe

Die Pressestelle des Nationalsozialistischen Arbeitsdienstes gibt in einem Bericht eine Schilderung der Mühen im einzelnen: „Es steckt eine unendliche Mühe darin, für 100 000 Mann Arbeit zu schaffen. Wieviel Vorarbeit war notwendig, bis irgendwo in einem Dorfe nur 100 Mann die Arbeit beginnen konnten. Die endlosen Verhandlungen mit dem Gemeinderat, der noch nicht weiß, wo der Weg liegen soll, wer die Steine fahren soll, die Geräte stellt usw. Die Ausarbeitung der Pläne, die Genehmigung durch die verschiedensten Behörden, dann die Beschaffung der Unterkunft, der Betten, der Schränke, des Eßgeschirrs, der Bekleidung, der Küche — eigentlich alles Selbstverständlichkeiten, die aber um so dringender einmal beschafft werden müssen."

Ein ganzes Volk umzuformen, die Grundlagen seiner wirtschaftlichen und kulturellen Beziehungen und Verhältnisse neu zu ordnen, das kann nicht anders als Schritt für Schritt vor sich gehen. Man kann sich doch nicht etwa an den grünen Tisch setzen wollen, das Manuskript aus der Rocktasche ziehen, seinen „Friedrich Wilhelm" untermalen und nun glauben, daß alles wie der geölte Blitz losrast.

Vielmehr wie es überall im Leben und Berufe ist, bringen erst eine Unmenge kleiner, unscheinbarer, sich wiederholender Handgriffe und Verrichtungen das Werk zustande. Der Leim will seine Zeit zum Trocknen haben, und just so die Durchführung eines Gesetzes, sie bedarf mannigfacher Ausführungsbestimmungen, statistischer Umfragen und Erhebungen, Vereinbarungen und Verhandlungen mit anderen Ressorts, Dienststellen, Organisationen usw. usw.

Es braucht niemand zu glauben, daß wir die Absicht haben, jetzt noch Zweiflern und Meckerköpfen gut zuzureden, oder uns gegen ihr Geschwätz zu verteidigen gedenken. Wer immer noch nicht bemerkt hat, daß wir „Schwung in die Kolonne" gebracht haben, dem ist nicht zu helfen. Vielmehr stellen wir hier mit Befriedigung fest, daß der Fluß in Gang gekommen ist, aber: „Kann ich Armeen aus der Erde stampfen, wächst mir ein Kornfeld auf der flachen Hand?" Weder ist die Arbeitslosigkeit mit einem Schlage zu beseitigen, noch die Umstellung der Wirtschaft auf Belebung des Binnenmarktes so schnell zu bewältigen. Die wenigsten haben eine wirkliche Vorstellung davon, wie wir dastehen: das aus früheren Zeiten überkommene Kapital verwirtschaftet, Verschuldung an das Ausland mit etwa 26 Milliarden, heruntergekommene Landwirtschaft, Ueberorganisation und Verbürokratisierung allerwegen, und vieles andere, fürwahr ein gewaltiger Müllhaufen ist erst abzutragen!

Wir haben nicht die Absicht, nach Marxistenart das Pferd beim Schwanze aufzuzäumen, Lohnerhöhungen vorzunehmen, bevor die Produktion entsprechend vermehrt ist. Da wir im übrigen von Nahrungsmitteln leben und nicht von Industrieprodukten, so richtet sich die industrielle Produktionserweiterung in der Hauptsache danach, wie wir den Inlandsmarkt und hier wieder die Landwirtschaft in Form bringen. Alles was wir für Lebensmittel aus dem Ausland ausgeben, geht unserer Volkswirtschaft verloren. Polen, Dänemark, Skandinavien, Rumänien usw. kaufen uns nicht soviel ab, wie sie einführen. Das Geld ist das Blut der Wirtschaft, das Geld, das im Lande bleibt und kreist, gibt andern Arbeit, stärkt den Wohlstand und fließt, nicht zuletzt durch anteilige Steuern, dem Volksganzen wieder zu.

Auf diesem Wege wird aufgebaut. „Ein Volk ist so reich, wie es imstande ist, seine Arbeitskraft zu organisieren!" Diese Grunderkenntnis, die Gottfried Feder, der Wirtschaftstheoretiker der NSDAP., aufstellte, müssen wir uns alle merken. Was den unverdienten Gewinnst anbetrifft, so haben die Nationalsozialisten nie Zweifel gelassen, seine unlauteren Quellen auszuspüren und zu verstopfen. Es ist hier aber ein Schulbeispiel für die gänzliche Verdrehung der Wahrheit, die die marxistische Irrlehre fertigbrachte, wenn sie sich mit dem Wort „Profit" die Kehle heiser schrie und auf der anderen Seite Maßnahmen befürwortete, die notwendigerweise das Uebel verschlimmerten. Die so sehr als notwendig dargestellte Konzentration des Kapitals („Uebernahme der Produktionsmittel durch das Proletariat" am St. Nimmerleinstag) brachte eben das Uebergewicht der Geldmacht über den besitzlosen Arbeiter, während eben allein Eigenbesitz ihm das notwendige wirtschaftliche Rückgrat gibt, dessen er bedarf. Wir werden diese Gedankengänge noch des öfteren erläutern; hier sei nur soviel gesagt, daß über unsere sonstigen Nöte noch der Irrweg einer falsch geleiteten Wirtschaftsentwicklung langsam ab- und umgebaut werden muß.

Darum wird also nicht gehext, wie einige Besserwisser gern möchten. Frage den Unverständigen, was er denn für die gemeinsame Sache seines Volkes tut! Mach ihm Feuer unter die Beine.

Was aus schwachen Kräften werden kann, wenn nur eine große Zähigkeit dahinter steht und ein noch größerer Opferwille, das zeigt das Beispiel der NSDAP. und auch das der Gewerkschaften selber.

Schwache, arme Menschen taten sich zusammen, opferten Geld und Freizeit und bauten, allen Widerständen zum Trotz, schneller oder langsamer mächtige Organisationen auf, deren wirtschaftliche Bedeutung allein schon ins Gewicht fällt, wie jedem Gewerkschaftler aus den Jahresberichten und Bilanzen seines Verbandes und der mit ihm verknüpften Verlagsgesellschaften, Wohlfahrtseinrichtungen usw. bekannt ist. „Mit Gräsern, zu Tauen gewunden, werden selbst Elefanten gebunden." Die Kraft all der heißen Wassertropfen drückt auf den Kolben, der Kolben auf die Räder, die Lokomotive zieht den Zug.

So ist es, wir wollen entsprechend handeln.

Warum die Gleichschaltung der Gewerkschaften kommen mußte

Von Emil Kloth,
ehemaligem Vorsitzenden des Verbandes.

Die katastrophal steigende Verelendung des deutschen Volkes mußte gegenwirkende Kräfte erwecken, sollte das deutsche Volk nicht vollends zugrunde gehen.

Diese Kräfte konnten nur aus dem Nationalismus erstehen. Denn der Irrwahn des Marxismus mit seinem verstiegenen, wirklichkeitsfremden Internationalismus trug die verbrecherische Schuld an der Versklavung und Verelendung Deutschlands. Wobei ihm leider Helfershelfer aus bürgerlichen Kreisen erstanden, die sich überdies noch für besonders „realpolitisch" hielten oder als Konjunkturpolitiker lediglich dem persönlichen Vorteil nachjagten.

Für diesen Internationalismus eines Marx, ein Naturprodukt des vaterlandslosen Judentums, haben von jeher die deutschen Arbeiter die schwersten Opfer gebracht. Ja, sie waren die eigentlichen Träger sowohl der politischen als auch gewerkschaftlichen Internationale. Ohne sie brechen beide zusammen oder sie werden nur noch als Schattenbild ein blutloses Leben weiterführen.

In anderen Ländern sind die Arbeiter niemals so wie in Deutschland dem Marxismus und Internationalismus verfallen gewesen. Bei ihnen fand nicht das Wort des „Kommunistischen Manifestes" Eingang: „Die Arbeiter haben kein Vaterland, sie können daher auch keins verlieren!" oder das ebenso verruchte Wort des sozialdemokratischen Parteivorsitzenden Crispien: „Ich kenne kein Vaterland, das Deutschland heißt!" Den Sozialisten der anderen Länder wäre es niemals eingefallen, wenn ihr Land ein ähnliches Schicksal wie Deutschland erlitten hätte, aller Wahrheit zuwider nichtsdestoweniger immer wieder durch die Straßen zu blöken: „Die Internationale erkämpft das Menschenrecht!" Wo in aller Welt hat die Internationale irgend etwas gegen die Verknechtung und Ausbeutung des deutschen Volkes durch den feindlichen Imperialismus und Kapitalismus getan?

Die Wahrheit ist, daß die Sozialisten der uns feindlichen Länder in entscheidenden Augenblicken als Parlamentarier und Minister stets für alle Maßregeln gegen Deutschland — Reparationen, Sanktionen, Hungerblockaden und derlei Teufelswerke — ihrer Regierungen gestimmt haben!

Bei den Sozialisten der anderen Länder gilt vielmehr die altenglische Losung: **„Ob Recht oder Unrecht, erst kommt mein Volk!"** oder das Wort des großen, auch gegenüber Deutschland gerechten und daher ermordeten Sozialisten Jean Jaurès, das er auf dem Internationalen Sozialistenkongreß zu Stuttgart 1907 aussprach: **„Die Nation ist das Schatzkästlein aller Kultur!"**

Danach handeln Sozialistenführer anderer Länder, zumal wenn sie in Machtstellungen kommen. Oder war etwa Frankreichs Außenminister und Ministerpräsident Briand, der die deutschen Schafsköpfe so schön mit seinen pazifistischen Phrasen einzuseifen verstand, nicht ehedem ein fanatischer Sozialist und Generalstreikpropagandist, und wurde er nicht als Minister ein fanatischer Nationalist? Oder wer hat

Buchbinder-Zeitung v. 28. Mai 1933 mit einem Artikel Kloths zur »Gleichschaltung« der Gewerkschaften.

Quellen- und Literaturverzeichnis

Archivalien

Internationales Institut für Sozialgeschichte Amsterdam
Nachlass Wolfgang Heine.
Der Magdeburger Prozess gegen den Redakteur der Mitteldeutschen Presse Erwin Rothardt wegen Beleidigung des Reichpräsidenten (Nr. 367–Nr. 579).
Nachlass Erich Kuttner.
Inventar-Nr. 162: Rechtsurteil in der Strafsache gegen 1. Den Redakteur Oskar Krüger; 2. Den Schriftsteller Emil Kloth wegen Beleidigung.

Bundesarchiv Berlin
R/8034/III, Nr. 241 Presseausschnittsammlung Reichslandbund (Emil Kloth).
VBS 47/2101064114 (Emil Kloth).
Reichsinstitut für Geschichte des neuen Deutschland, R1/6 Bd. 1, R1/6 Heft 2.
Reichssicherheitshauptamt, R 58, Nr. 80.

Stadtarchiv Leipzig
Acta der Aufnahme und Bürgerrechts-Gesuche des Buchbinders Emil Rudolph Ludwig Kloth, Nr. 54076.

Bayerisches Hauptstaatsarchiv München
Nachlass Lorenz Sedlmayr.

Protokolle, Jahrbücher, Geschäftsberichte

Generalkommission der Gewerkschaften Deutschlands/Allgemeiner Deutscher Gewerkschaftsbund
Protokolle der Konferenzen 3 (1899)–11 (1922).

Deutsche Volkspartei
Protokolle der Verbandstage 4. Parteitag 1921.

Internationale Buchbinder-Föderation
Protokolle der Konferenzen 1 (1907)–4 (1920).

Stadt Rixdorf/Stadt Neukölln/Bezirk Berlin-Neukölln
Verwaltungsbericht der Stadt Rixdorf 1908/1909.

Verwaltungsbericht der Stadt Neukölln1910/1911, 1912/1913.
Kriegsverwaltungsbericht der Stadt Neukölln 1914/1918.
Erster Verwaltungsbericht der neuen Stadtgemeinde Berlin 1920/1924, H. 22: Verwaltungsbezirk Neukölln.
Verwaltungsbericht der Stadt Berlin 1924/1927, H. 22: Verwaltungsbezirk Neukölln.
Verwaltungsbericht [der Stadt Berlin] für die Zeit vom 1. April 1932 bis 31. März 1936 mit einem Rückblick auf die Jahre 1928 bis 1931.

Verband der Buchbinder- und Papierverarbeiter Deutschlands (nebst Vorläuferorganisationen)
Protokolle der Verbandstage 8 (1900)–17 (1932).
Berichte des Vorstandes Jg. 1900 – Jg. 1932.

Verein Arbeiterpresse
Handbuch des Vereins Arbeiterpresse, 3 (1914)–4 (1927).

Periodika

Berliner Volksfreund, Jg. 7 (1925).
Buchbinder-Zeitung, Jg. 1 (1885)–Jg. 49 (1933).
Correspondenzblatt der Generalkommission der Gewerkschaften Deutschlands, Jg. 1 (1891)–Jg, 29 (1929).
Der deutsche Vorwärts, Jg. 1 (1924)–Jg. 11 (1934).
Das freie Wort. Unabhängige nationale Zeitung für Jedermann, Jg. 1 (1919)–Jg. 7 (1925).
Freiheit, Jg. 4 (1921)–Jg. 5 (1922).
Die Gleichheit, Jg. 34 (1914).
Die Glocke. Wochenschrift für Politik und Wirtschaft, Kunst und Kultur, Jg. 1(1915/16)–Jg. 11 (1925).
Der Graphische Betrieb, Jg. 9 (1934)–Jg. 11. (1936).
Graphische Stimmen, Jg. 1 (1905)–Jg. 14 (1919).
Jahrbuch 1937. Hrsg. vom Arbeitswissenschaftlichen Institut der Deutschen Arbeitsfront Berlin.
Jahrbuch der Papierverarbeitung, Jg. 1940.
Korrespondent [Organ der Deutschen Arbeitsfront], Jg. 71 (1933)–Jg. 79 (1941).
Korrespondent. Mitteilungsblatt für die Funktionäre der Industriegewerkschaft Graphisches Gewerbe und Papierverarbeitung im FDGB, Sowjetische Besatzungszone, Jg. 1 (1947).
Korrespondenz der Deutsch-Nationalen Volkspartei, Jg. 5 (1922)–Jg. 9 (1926).
Mitteilungsblatt der Internationalen Buchbinder-Föderation, Jg. 1 (1908)–Jg. 14 (1920).
Nationalliberale Correspondenz, Jg. 46 (1919)–Jg. 51 (1924).
Nationalpost. Das amtliche Nachrichtenblatt des Landesverbandes Berlin der Deutschnationalen Volkspartei, Jg. 5 (1923)–Jg. 7 (1925).

Die Neue Zeit. Wochenschrift der Deutschen Sozialdemokratie, Jg. 10 (1893)–Jg. 38 (1919).
Sattler-Zeitung, Jg. 22 (1908).
Soziale Praxis und Archiv für Volkswohlfahrt, Jg. 26 (1916)–Jg. 29 (1919).
Sozialistische Monatshefte, Jg. 10 (1904)–Jg. 25 (1919).
Süddeutsche Monatshefte, Jg. 22 (1924).
Tägliche Rundschau. Unabhängige Zeitung für nationale Politik, Jg. 37 (1917)–Jg. 45 (1925).
Unsere Partei. Mitteilungen der Hauptgeschäftsstelle der Deutschnationalen Volkspartei, Jg. 1 (1923)–Jg. 10 (1932).
Volksstimme. Organ für das arbeitende Volk des 10., 15., 16., 17. u. 19. Sächsischen Reichstagswahlkreises, Jg. 25 (1915).
Vorwärts, Jg. 31 (1914)–Jg. 39 (1922).
Der Weltkampf. Monatsschrift für Weltpolitik, völkische Kultur und die Judenfrage aller Länder, Jg. 3 (1926)–Jg. 4 (1927).

Monografien

Arbeiterinteressen und Kriegsergebnis. Ein gewerkschaftliches Kriegsbuch, hrsg. von Wilhelm Jansson, Berlin 1915.
Aus Gestern und Heute wird Morgen. Ans Werk – der Weg ist noch weit, aber er lohnt sich. Redaktion: Helga Zoller, Dieter Schuster, Hermann Zoller. Hrsg. von der Industriegewerkschaft Medien – Druck und Papier, Publizistik und Kunst aus Anlaß ihres 125jährigen Bestehens, Stuttgart 1992.
Ausgewählte Briefe führender Sozialdemokraten an Konrad Haenisch und dessen Briefe an Dritte, hrsg. v. Matthias John, Berlin 2005.
Beier, Gerhard: Glanz und Elend der Jubiläumsliteratur. Kritische Bestandsaufnahme bisheriger Historiographie der Berufs- und Industriegewerkschaften, in: Gewerkschaftliche Monatshefte. Jg. 19 (1968) H. 10, S. 607–614.
Beier, Gerhard: Schwarze Kunst und Klassenkampf. Geschichte der Industriegewerkschaft Druck und Papier und ihrer Vorläufer seit dem Beginn der modernen Arbeiterbewegung. Bd. 1: Vom Geheimbund zum königlich-preußischen Gewerkverein (1830–1890), Frankfurt am Main 1966.
Bernd, Hans Dieter: Die Beseitigung der Weimarer Republik auf »legalem« Weg. Die Funktion des Antisemitismus in der Agitation der Führungsschicht der DNVP, Diss., Hagen 2004.
»Beseitigung des jüdischen Einflusses ...« Antisemitische Forschung, Eliten und Karrieren im Nationalsozialismus, hrsg. v. Fritz-Bauer-Institut, Frankfurt am Main u.a. 1999. (= Jahrbuch zur Geschichte und Wirkung des Holocaust 1998/99).
Bey-Heard, Frauke: Hauptstadt und Staatsumwälzung Berlin 1919. Problematik und Scheitern der Rätebewegung in der Berliner Kommunalverwaltung, Stuttgart u.a. 1969.
Bieber, Hans-Joachim: Gewerkschaften in Krieg und Revolution. Arbeiterbewegung, Industrie, Staat und Militär in Deutschland 1914–1920, Bd. 1–2, Hamburg 1981.

Bloch, Max: Albert Südekum (1871–1944) Ein deutscher Sozialdemokrat zwischen Kaiserreich und Diktatur. Eine politische Biographie, Düsseldorf 2009.

Blumenthal, Wolfgang/Keller, Elke/Kuba, Karlheinz: Mit den Groschen der Mitglieder. Gewerkschaftshäuser in Berlin 1900 bis 1933. Ein Stadtführer, Berlin 2004.

Boll, Friedhelm: Frieden ohne Revolution. Friedensstrategien der deutschen Sozialdemokratie vom Erfurter Programm 1891 bis zur Revolution 1918, Bonn 1980.

Boll, Friedhelm: Im Schatten des Krieges. Die deutsche Sozialdemokratie von der Jahrhundertwende bis zur Revolution, in: Kämpfe, Krisen, Kompromisse, Bonn 1989, S. 33–54.

Boll, Friedhelm: Spontaneität der Basis und politische Funktion des Streiks 1914–1918. Das Beispiel Braunschweig, in: Archiv für Sozialgeschichte, Bd. 17 (1977), S. 413–431.

Borsdorf, Ulrich: Deutsche Gewerkschaftsführer – biographische Muster, in: Gewerkschaftliche Politik. Reform aus Solidarität. Zum 60. Geburtstag von Heinz O. Vetter, hrsg. v. Ulrich Borsdorf, Hans O. Hemmer, Gerhard Leminsky und Heinz Markmann, Köln 1977, S. 11–41.

Broermann, Hans: Die Berliner Buchbinderei. Die geschichtliche Entwicklung seit der Mitte des 19. Jahrhunderts und die gegenwärtige Lage. Eine wirtschafts- und sozialwissenschaftliche Studie, Diss., Münster 1923.

Büsch, Otto/Haus, Wolfgang: Berlin als Hauptstadt der Weimarer Republik 1919–1933. Mit einem statistischen Anhang zur Wahl- und Sozialstatistik des demokratischen Berlins 1919–1933, Berlin 1987.

Clark, Christopher: Die Schlafwandler. Wie Europa in den Ersten Weltkrieg zog, 4. Aufl., München 2013.

Cunow, Heinrich: Partei-Zusammenbruch? Ein offenes Wort zum inneren Parteistreit, Berlin 1915.

Daniel, Ute: Fiktionen, Friktionen und Fakten – Frauenlohnarbeit im Ersten Weltkrieg, in: Arbeiterschaft in Deutschland 1914–1918. Studien zu Arbeitskampf und Arbeitsmarkt im Ersten Weltkrieg, hrsg. v. Gunther Mai, Düsseldorf 1985, S. 227–323.

Daniel, Ute: Frauen in der Kriegsgesellschaft 1914–1918. Staatliche Bewirtschaftungspolitik und die Überlebensstrategien der Arbeiterfrauen, in: Archiv der Geschichte des Widerstandes und der Arbeit. Jg. 9 (1989), S. 67–76.

Engelhardt, Ulrich: »Nur vereinigt sind wir stark.« Die Anfänge der deutschen Gewerkschaftsbewegung 1862/63 bis 1869/70, Bd. 1–2, Stuttgart 1977.

Eule, Wilhelm: Die Leipziger Buchbinder im Wandel der Zeiten. Mit Bildern aus den Werkstätten der Großbuchbinderei Gebr. Hoffmann Leipzig, Leipzig 1925.

Feldman, Gerald D.: Armee, Industrie und Arbeiterschaft in Deutschland 1914 bis 1918, Berlin, Bonn 1985.

Festordnung zum Kommers aus Anlaß des 25. Stiftungs-Festes des Grundbesitzer-Vereins der Schönhauser und angrenzenden Stadtteile zu Berlin, am Freitag, den 6. Oktober 1911, Berlin 1911.

Festschrift zum 25jähr. Bestehen des Fachvereins der in Buchbindereien und verwandt. Berufszweigen beschäftigten Arbeiter und Arbeiterinnen von Leipzig und Umgegend. Ein Beitrag zur Entwicklung der Buchbinderorganisation Leipzig, Leipzig 1909.

Fischer, Fritz: Griff nach der Weltmacht. Die Kriegszielpolitik des kaiserlichen Deutschland 1914/18, 3., verb. Aufl., Düsseldorf 1964.

Florath, Bernd: Heinrich Cunow. Eine biographisch-historiographische Skizze, in: Jahrbuch für Geschichte, Jg. 1987, S. 85–145.

Florath, Bernd: Heinrich Cunow oder der Narren Mühsal, in: Internationale wissenschaftliche Korrespondenz zur Geschichte der deutschen Arbeiterbewegung (IWK), Jg. 41 (2005), S. 496–507.

Frey, Klaus Walter: Oberst Walter Nicolai, Chef des deutschen militärischen Nachrichtendienstes im Großen Generalstab (1913–1018). Mythos und Wirklichkeit – Biographische Beiträge, in: Geheimdienste, Militär und Politik in Deutschland, hrsg. v. Jürgen W. Schmidt, 2. Aufl., Ludwigsfelde 2009, S. 135–198.

Fricke, Dieter: Die »Sozialistischen Monatshefte« und die imperialistische Konzeption eines Kontinentaleuropas (1905–1918), in: Zeitschrift für Geschichtswissenschaft, Jg. 23 (1975), H. 5, S. 528–537.

75 Jahre Gebr. Hoffmann Großbuchbinderei. Eine Jubiläumsgabe in Verbindung mit einer Abhandlung: Die Kultur des Bucheinbandes von Julius Zeitler, Leipzig 1927.

50jähriges Jubiläum der Zahlstelle Stuttgart, hrsg. v. Verband der Buchbinder und Papierverarbeiter Deutschlands, Zahlstelle Stuttgart, Stuttgart 1931.

Gabel, Angela: Die Arbeiterinnen und ihre gewerkschaftliche Organisation im deutschen Buchdruckgewerbe 1890–1914, Magisterarbeit, Darmstadt 1988.

Gäbel, Otto: Wider die Neutralitätslüge. Ein Beitrag zur Gewerkschaftsfrage, Berlin 1924.

Gearbeitet – Gewerkschaftet – Gewohnt. 75 Jahre Verbandshaus der Deutschen Buchdrucker von Max Taut, hrsg. v. Industriegewerkschaft Medien, Druck und Papier, Publizistik und Kunst, Berlin 2000.

Gohle, Peter: Ernst Drahn (1873–1944), in: Bewahren – Verbreiten – Aufklären, hrsg. v. Günter Benser und Michael Schneider, Bonn, Bad Godesberg 2009, S. 58–63.

»Gott grüß‹ die Kunst!« Illustrationen und Festschriften der gewerkschaftlich organisierten Drucker, Setzer und Hilfsarbeiterinnen ; eine Ausstellung der Bibliothek der Friedrich-Ebert-Stiftung, des ver.di-Fachbereichs Medien, Kunst und Industrie, Berlin-Brandenburg und des Karl-Richter-Vereins e. V., hrsg. v. Rüdiger Zimmermann, Bonn 2006.

Grebing, Helga: Geschichte der deutschen Arbeiterbewegung. Ein Überblick, München 1980.

Groh, Dieter: Negative Integration und revolutionärer Attentismus. Die deutsche Sozialdemokratie am Vorabend des Ersten Weltkrieges, Frankfurt am Main 1973.

Hamel, Iris: Völkischer Verband und nationale Gewerkschaft. Der Deutschnationale Handlungsgehilfen-Verband 1893–1933, Frankfurt am Main 1967.

Harsch, Donna: Der Sklarek-Skandal 1929 und die sozialdemokratische Reaktion, in: Juden und deutsche Arbeiterbewegung bis 1933. Soziale Utopien und freireligiös-kulturelle Traditionen, Tübingen 1992, S. 194–213.

Henke, Hans-Gerd: Der »Jude« als Kollektivsymbol in der deutschen Sozialdemokratie 1890–1914, Mainz 1994.
Hering, Rainer: Konstruierte Nation. Der Alldeutsche Verband 1890 bis 1939, Hamburg 2003.
Hirschfelder, Gerhard/Krumeich, Gerd: Deutschland im Ersten Weltkrieg, Frankfurt am Main 2014.
Im Spiegel des Lebens. Eine Erzählung für Arbeiterinnen, Berlin 1911.
Ingenthron, Maximilian: »Falls nur die Sache siegt«. Erich Kuttner (1887–1942), Publizist und Politiker, Mannheim 2000.
Internationales Handwörterbuch des Gewerkschaftswesens, hrsg. von Ludwig Heyde, Bd. 1–2, Berlin 1931–1932.
Janz, Oliver: Der Große Krieg, Frankfurt am Main 2014.
John, Matthias: Konrad Haenisch (1876–1925) – »und von Stund a ward er ein anderer«, Berlin 2003.
Josef Simon. Schuhmacher, Gewerkschafter, Sozialist mit Ecken und Kanten, hrsg. v. Adolf Mirkes, Köln 1985.
Kloth, Emil: Allgemeine Arbeitsdienstpflicht. Ein Mahnwort an Volk und Regierung, Berlin 1919.
Kloth, Emil: Arbeiterschaft und Sozialdemokratie, Berlin 1920.
Kloth, Emil: Dittmanns Enthüllungsschwindel. Nach Eingeständnis seiner Genossen, Berlin 1926.
Kloth, Emil: Einkehr. Betrachtungen eines sozialdemokratischen Gewerkschafters über die Politik der deutschen Sozialdemokratie, München 1920.
Kloth, Emil: Geschichte des Deutschen Buchbinderverbandes und seiner Vorläufer, Bd. 1–2, Berlin 1910–1913.
Kloth, Emil: Der hohe Wert der Arbeit, Berlin 1919.
Kloth, Emil: Ein Jahr Rede- und Räterepublik. Kritische Nachlese zur Revolutionsfeier, Berlin 1919.
Kloth, Emil: Korruption. Dokumente zur Geschichte des heutigen Systems, Berlin 1930.
Kloth, Emil: Parteien und Gewerkschaften, Berlin 1928.
Kloth, Emil: Sozialdemokratie und Judentum, München 1920.
Das Kriegstagebuch des Reichstagsabgeordneten Eduard David, 1914–1918, in Verb. mit Erich Matthias bearb. von Susanne Miller (= Quellen zur Geschichte des Parlamentarismus und der politischen Parteien: 1. Reihe, Von der konstitutionellen Monarchie zur parlamentarischen Republik, 4), Düsseldorf 1966.
Krahl, Willi: Der Verband der Deutschen Buchdrucker.
Bd. 1: Fünfzig Jahre deutsche gewerkschaftliche Arbeit mit einer Vorgeschichte, Berlin 1916.
Bd. 2: Statistischer Teil. 1888–1916.Vorausgabe, Berlin 1926
Bd. 2: Von der Sitzverlegung nach Berlin im Jahre 1888 bis zum fünfzigsten Bestehen im Jahr 1916, Berlin 1933.
Krumeich, Gerd: Juli 1914. Eine Bilanz, Paderborn 2014.

Kruppa, Nadine: Biografien der Arbeiterbewegung: das 20. Jahrhundert. Tagung zu Ehren von Helga Grebing, in: Mitteilungsblatt des Instituts für soziale Bewegungen, Jg. 44 (2011), S. 157–164.

Kruse, Wolfgang: Krieg und nationale Integration. Eine Neuinterpretation des sozialdemokratischen Burgfriedensschlusses 1914/1915, Essen 1993.

Kruse, Wolfgang: »Welche Wendung durch des Weltkrieges Schickung«. Die SPD und der Beginn des Ersten Weltkrieges, in: August 1914: Ein Volk zieht in den Krieg, Berlin 1989.

Lassbiegler, Hans: Beiträge zur Geschichte der Eckendichtungen, Diss., Bonn 1907.

Lassbiegler, Hans: Feldoberst Merdepott. Ein beinahe militaristisches Rüpelspiel in 6 Bildern, Bad Kissingen 1948.

Lensch, Paul: Drei Jahre Weltrevolution, Berlin 1917.

Leuschen-Seppel, Rosemarie: Sozialdemokratie und Antisemitismus im Kaiserreich. Die Auseinandersetzungen der Partei mit den konservativen und völkischen Strömungen des Antisemitismus 1871–1914, Bonn 1978.

Lipp, Anne: Friedenssehnsucht und Durchhaltebereitschaft. Wahrnehmungen und Erfahrungen deutscher Soldaten im Ersten Weltkrieg, in: Archiv für Sozialgeschichte, Jg. 36 (1996), S. 279–291.

Lüttich, August: Das Leipziger Gewerkschaftskartell und die Entwicklung und wirtschaftlichen Kämpfe der Leipziger Gewerkschaften. Eine Darstellung der wichtigsten Ereignisse der Leipziger Gewerkschaftsbewegung in den letzten zehn Jahren. Mit einem Anhang betreffend einige für die Arbeiterschaft wichtigen gesetzlichen und ortsstatuarischen Bestimmungen, Leipzig 1901.

Malinowski, Stephan: Skandale als Zerrspiegel der Demokratie. Die Fälle Barmat und Sklarek im Kalkül der Weimarer Rechte, in: Jahrbuch für Antisemitismusforschung, Jg. 5 (1996), S. 46–65.

Miller, Susanne: Burgfrieden und Klassenkampf. Die deutsche Sozialdemokratie im Ersten Weltkrieg, Düsseldorf 1974.

Mühlhausen, Walter: Friedrich Ebert 1871–1925. Reichspräsident der Weimarer Republik, Bonn 2006.

Müller, Hermann: Die Organisationen der Lithographen, Steindrucker und verwandten Berufe, Berlin 1917.

Münkler, Herfried: Der Große Krieg. Die Welt 1914 bis 1918, Berlin 2013.

Nerger, Katja/Zimmermann, Rüdiger: Zwischen Antisemitismus und Interessenvertretung. Periodika und Festschriften des Deutschnationalen Handlungsgehilfen-Verbands in der Bibliothek der Friedrich-Ebert-Stiftung, Bonn 2006.

Ohnezeit, Maik: Zwischen »schärfster Opposition« und dem »Willen zur Macht«. Die Deutschnationale Volkspartei (DNVP) in der Weimarer Republik 1918–1928, Düsseldorf 2011.

Quellen zur Geschichte der deutschen Gewerkschaftsbewegung im 20. Jahrhundert, begr. v. Erich Matthias, hrsg. v. Hermann Weber, Klaus Schönhoven und Klaus Tenfelde, Köln.

Bd. 1: Die Gewerkschaften in Weltkrieg und Revolution 1914–1919, bearb. v. Klaus Schönhoven, 1985.
Bd. 2: Die Gewerkschaften in den Anfangsjahren der Republik 1919–1923, bearb. v. Michael Ruck, 1985.
Bd. 3,1: Die Gewerkschaften von der Stabilisierung bis zur Weltwirtschaftskrise 1924–1930, bearb. v. Horst-A. Kukuck und Dieter Schiffmann, 1986.
Bd. 3,2: Die Gewerkschaften von der Stabilisierung bis zur Weltwirtschaftskrise 1924-1930, bearb. v. Horst-A. Kukuck und Dieter Schiffmann, 1986.
Bd. 4: Die Gewerkschaften in der Endphase der Republik 1930-1933, bearb. v. Peter Jahn unter Mitarb. v. Detlev Brunner, 1988.
Plener, Ulla: Theodor Leipart (1867–1947). Lebensbild eines Gewerkschafters (= Johannes-Sassenbach-Gesellschaft, 1), Berlin 1999.
Plener, Ulla: Theodor Leipart (1867–1947). Emanzipatorisch – antikapitalistisch – gewaltfrei – reformorientiert (= Vielfalt sozialistischen Denkens, 9), Berlin 2000.
Pöhls, Joachim: Die »Tägliche Rundschau« und die Zerstörung der Weimarer Republik, Diss., Münster 1975.
Rexhäuser, Ludwig: Gewerkschaftliche Neutralität. Ein Beitrag zu wirtschaftlichen und politischen Zeit- und Streitfragen. (Sozialismus, Sozialdemokratie, Gewerkschaften), Leipzig 1908.
Ribhegge, Wilhelm: August Winnig. Eine historische Persönlichkeitsanalyse, Bonn 1973.
Richter, Ludwig: Die Deutsche Volkspartei. 1918–1933, Düsseldorf 2002.
Rintelen, Karlludwig: Der David-Kreis und die linke Minderheit. Anmerkungen zum Problem des »Handlungsspielraums« der mehrheitssozialdemokratischen Führung bis 1918/1919, in: Internationale wissenschaftliche Korrespondenz zur Geschichte der deutschen Arbeiterbewegung (IWK), Jg. 26 (1990), H. 1, S. 14–34.
Rintelen, Karlludwig: Ein undemokratischer Demokrat: Gustav Bauer. Gewerkschaftsführer – Freund Friedrich Eberts – Reichskanzler. Eine politische Biographie, Frankfurt am Main 1993.
Roth, Karl Heinz: Intelligenz und Sozialpolitik im »Dritten Reich«. Eine methodisch-historische Studie am Beispiel des Arbeitswissenschaftlichen Instituts der Deutschen Arbeitsfront, München u.a. 1993.
Rütters, Peter: Der Deutschnationale Handlungsgehilfen-Verband (DHV) und der Nationalsozialismus, in: Historisch-politische Mitteilungen: Archiv für christlich-demokratische Politik, Jg. 16 (2009), S. 81–108.
Scheriau, Karl Michael: Kunstgenossen und Kollegen. Entstehung, Aufbau, Wirkungsweise und Zielsetzung der Gewerkschaftsorganisation der deutschen Buchdrucker von 1848 bis 1933, Berlin 2000.
Schneider, Michael: Die Christlichen Gewerkschaften 1894–1933, Bonn 1982.
Schneider, Michael: Kleine Geschichte der Gewerkschaften. Ihre Entwicklung in Deutschland von den Anfängen bis heute, 2., überarb. und aktualisierte Aufl., Bonn 2000.

Schönhoven, Klaus: Expansion und Konzentration. Studien zur Entwicklung der Freien Gewerkschaften im Wilhelminischen Deutschland 1890 bis 1914, Stuttgart 1980.

Schröder, Wilhelm Heinz: Sozialdemokratische Reichstagsabgeordnete und Reichstagskandidaten 1898-1918. Biographisch-statistisches Handbuch, Düsseldorf 1986.

Schröder, Wolfgang: Leipzig – die Wiege der deutschen Arbeiterbewegung. Wurzeln und Werden des Arbeiterbildungsvereins 1848/49 bis 1878/81. Mit einer Dokumentation der Tätigkeitsberichte, Berlin 2010.

Schwieger, Gerd: Zwischen Obstruktion und Kooperation. Eduard David und die SPD im Kriege, Diss., Kiel 1970.

Sieferle, Rolf Peter: Die konservative Revolution. Fünf biographische Skizzen (Paul Lensch, Werner Sombart, Oswald Spengler, Ernst Jünger, Hans Freyer), Frankfurt am Main 1995.

Sigel, Robert: Die Lensch-Cunow-Haenisch-Gruppe. Eine Studie zum rechten Flügel der SPD im Ersten Weltkrieg, Berlin 1976.

Splanemann, Andreas: Die Entstehung der Berliner Demokratie nach dem Ersten Weltkrieg, Diss., Berlin 1991.

Stöcken, Michael: Augusterlebnis 1914 in Darmstadt. Legende und Wirklichkeit, Darmstadt 1994.

Tenfelde, Klaus: Arbeitersekretäre. Karrieren in der deutschen Arbeiterbewegung vor 1914, Heidelberg 1993.

Teuteberg, Hans Jürgen: Geschichte der industriellen Mitbestimmung in Deutschland. Ursprung und Entwicklung ihrer Vorläufer im Denken und in der Wirklichkeit des 19. Jahrhunderts, Tübingen 1961.

Ullrich, Volker: Die nervöse Großmacht. Aufstieg und Untergang des deutschen Kaiserreichs 1871–1918, erw. Neuausg., Frankfurt am Main 2013.

Ullrich, Volker: Nun schlittern sie wieder. Mit Clark gegen Fischer: Deutschlands Konservative sehen Kaiser und Reich in der Kriegsschuldfrage endlich rehabilitiert, in: Die Zeit, 16. Januar 2014, Nr. 4, S. 17.

Unger-Winkelried, Emil: Von Bebel zu Hitler. Vom Zukunftstaat zum Dritten Reich. Aus dem Leben eines sozialdemokratischen Arbeiters, Berlin 1934.

Verhey, Jeffrey: Der Geist von 1914 und die Erfindung der Volksgemeinschaft, Hamburg 2000.

Vring, Thomas von der: Der Verband der Deutschen Buchdrucker im Ersten Weltkrieg, in der Revolution und in der Inflationszeit (1914–1924). Die Geschichte einer Gewerkschaft während zehn Krisenjahren, Diss., Frankfurt 1965.

Von Zweien, die erst durch Erfahrung klug wurden. Eine alltägliche, aber lehrreiche Geschichte zum Lesen, Aufbewahren und Weitergeben insbesondere für alle Arbeiter u. Arbeiterinnen in Buchbindereien, Kontobuchfabriken, Liniieranstalten sowie in der Portefeuille-, Album-, Etuis-, Kartonagen-, Luxuspapier-, Papier- und Ledergalanteriewaren-Industrie Deutschlands, Berlin 1907.

Die Wahrheit über den Buchdrucker-Streik in der Leipziger Volkszeitung [Verf.: Ludwig Rexhäuser], Leipzig 1901.

Zimmermann, Rüdiger: 100 Jahre ÖTV. Biographien. Die Geschichte einer Gewerkschaft und ihrer Vorläuferorganisationen, Frankfurt am Main 1996.
Zum Leipziger Buchdrucker-Streik [Verf.: Ignaz Auer], Berlin 1901.

Internetquellen

Klostermann, Heinz: Festrede zur Feier 125 Jahre Haus & Grund Berlin am 24. 05. 2012, in: http://www.haus-und-grund-tempelhof.de/unser-verein/125-jahre-haus-grund-berlin/.
http://www.luise-berlin.de/bms/bmstxt00/0009deta.htm.
http://www.reichstagsprotokolle.de/Blatt_k9_bsb00002761_00075.html.
http://www.reichstagsprotokolle.de/Blatt2_wv_bsb00000011_00354.html.
Schröder, Wilhelm Heinz: Sozialdemokratische Reichstagsabgeordnete und Reichstagskandidaten 1898-1918. Biographisch-statistisches Handbuch, in: http://zhsf.gesis.org/ParlamentarierPortal/biokand_db/biokand_db.php.
Warum Deutschland nicht allein schuld ist, in: Die Welt, online-Ausgabe, 4. Januar 2014 (http://www.welt.de/debatte/kommentare/article123516387/Warum-Deutschland-nicht-allein-schuld-ist.html.
http://de.wikipedia.org/wiki/Artur_Zickler.
Zimmermann, Rüdiger: ÖTV-Lexikon, in: http://library.fes.de/fulltext/bibliothek/tit00205/00205a.htm.

Der Autor

Rüdiger Zimmermann, geboren 1946. Studierte Geschichte, Politische Wissenschaften und Geografie an der Technischen Universität Darmstadt, Stipendiat der Hans-Böckler-Stiftung. Promotion 1976 bei Arcadius Gurland über den linkskommunistischen Leninbund. 1977 Assessorexamen am Bibliothekar-Lehrinstitut Köln; seit 1977 Fachreferent in der Bibliothek der Friedrich-Ebert-Stiftung. Von 1996 bis zur Pensionierung Oktober 2011 Leiter der Bibliothek. Von 1998 bis 2011 Vorstandsmitglied der International Association of Labour History Institutions (IALHI).

Abbildungsnachweis

Buchbinder-Zeitung v. 28.5.1933, Quelle: Bibliothek der Friedrich-Ebert-Stiftung, Bonn: S. 100

Der Deutsche Vorwärts v. 12.10.1924: Umschlagseite vorn

Korrespondent. Mitteilung des Deutschen Arbeiterverbandes des graphischen Gewerbes, Jg. 72, Nr. 15 (14. April 1934), Quelle: Bibliothek der Friedrich-Ebert-Stiftung, Bonn: S. 93